Lenin

Outras obras do autor

A desordem mundial – O espectro da total dominação: Guerras por procuração, terror, caos e catástrofes humanitárias (Editora Civilização Brasileira)

A expansão do Brasil e a formação dos Estados na Bacia do Prata – Argentina, Uruguai e Paraguai (Da colonização à Guerra da Tríplice Aliança) (Editora Civilização Brasileira)

A reunificação da Alemanha (Editora Unesp)

A Segunda Guerra Fria: Geopolítica e dimensão estratégica dos Estados Unidos – Das rebeliões na Eurásia à África do Norte e ao Oriente Médio (Editora Civilização Brasileira)

As relações perigosas: Brasil-Estados Unidos (de Collor a Lula, 1990-2004) (Editora Civilização Brasileira)

Brasil, Argentina e Estados Unidos – Conflito e integração na América do Sul (Da Tríplice Aliança ao Mercosul) (Editora Civilização Brasileira)

Brasil-Estados Unidos: A rivalidade emergente (1950-1988) (Editora Civilização Brasileira)

De Martí a Fidel: A Revolução Cubana e a América Latina (Editora Civilização Brasileira)

Formação do império americano – Da guerra contra a Espanha à guerra no Iraque (Editora Civilização Brasileira)

Fórmula para o caos – A derrubada de Salvador Allende (1970-1973) (Editora Civilização Brasileira)

O ano vermelho: A Revolução Russa e seus reflexos no Brasil (Editora Civilização Brasileira)

O "Milagre Alemão" e o desenvolvimento do Brasil, 1949-2011 (Editora Unesp)

O feudo – A casa da Torre de Garcia D'Ávila: Da conquista dos sertões à independência do Brasil (Editora Civilização Brasileira)

O governo João Goulart – As lutas sociais no Brasil, 1961-1964 (Editora Unesp)

Presença dos Estados Unidos no Brasil (Editora Civilização Brasileira)

Luiz Alberto Moniz Bandeira

Lenin
Vida e obra

5ª edição
Revista e ampliada

Rio de Janeiro
2024

Copyright © Luiz Alberto de Vianna Moniz Bandeira, 2017

1ª edição Paz e Terra, 1978
1ª edição Civilização Brasileira, 2017

Foto de capa: Lenin discursa para a multidão na Praça Vermelha, em Moscou, na Revolução Russa, em outubro de 1917. Em 26 de outubro de 1917, dia seguinte à invasão ao Palácio de Inverno em St. Petersburg, o governo soviético, dominado pelos bolcheviques, foi estabelecido, com Lenin como presidente. – Ann Ronan Pictures/Print Collector/Getty Images.

Todos os esforços foram feitos para localizar os fotógrafos de imagens e textos reproduzidos neste livro. A editora compromete-se a dar os devidos créditos numa próxima edição, caso os autores os reconheçam e possam provar sua autoria. Nossa intenção é divulgar o material iconográfico e histórico, de maneira a ilustrar as ideias aqui publicadas, sem qualquer intuito de violar direitos de terceiros.

CIP-BRASIL. CATALOGAÇÃO NA PUBLICAÇÃO
SINDICATO NACIONAL DOS EDITORES DE LIVROS, RJ

B164L
5ª ed.

Moniz Bandeira, Luiz Alberto
Lenin: vida e obra/Luiz Alberto Moniz Bandeira. – 5ª ed. rev. e ampl. – Rio de Janeiro: Civilização Brasileira, 2024.
224 p.; il.

Inclui bibliografia encarte
ISBN 978-85-200-1147-8

1. Lenin, Vladimir Ilitch, 1870-1924. 2. Comunismo. 3. Socialismo. 4. Revoluções. 5. Ciência política. I. Título.

17-44523

CDD: 335.422
CDU: 330.85

Todos os direitos reservados. É proibido reproduzir, armazenar ou transmitir partes deste livro, através de quaisquer meios, sem prévia autorização por escrito.

Este livro foi revisado segundo o Acordo
Ortográfico da Língua Portuguesa de 1990.

Direitos desta edição adquiridos pela
EDITORA CIVILIZAÇÃO BRASILEIRA
Um selo da
EDITORA JOSÉ OLYMPIO LTDA.
Rua Argentina, 171 – Rio de Janeiro, RJ – 20921-380 –
Tel.: (21) 2585-2000.

Seja um leitor preferencial Record.
Cadastre-se no site www.record.com.br e receba informações sobre nossos lançamentos e nossas promoções.

Atendimento e venda direta ao leitor:
sac@record. com. br

Impresso no Brasil
2024

Sumário

Prefácio à 4ª edição   9
Apresentação à 1ª edição   19

As origens   21
O estudante   25
Os amigos do povo   31
Desenvolvimento do capitalismo   37
As tarefas da social-democracia   41
Iskra (A Centelha)   45
Que fazer?   49
A teoria do partido   57
Mencheviques e bolcheviques   65
Um passo adiante   69
1905   75
Duas táticas da social-democracia   81
Ações militares   87
O refluxo   95
Materialismo e empiriocriticismo   101
A questão nacional   107
O internacionalismo   113
O imperialismo   123
A revolução de fevereiro   133
Teses de abril   139

O Estado e a revolução	145
A arte da insurreição	155
Outubro	165
A guerra revolucionária	171
A revolução mundial	177
O esquerdismo	187
Tática e estratégia	193
O testamento	199
Apêndice – Epitáfio de Lenin, por Karl Kautsky	211
Bibliografia	217

A Durval de Noronha Goyos Jr., Samuel Pinheiro
Guimarães e Geniberto Campos, que sempre me
estimularam a escrever e deram apoio ao meu
trabalho em todos os livros.

Prefácio à 4ª edição

Algum tempo depois de haver lançado *O ano vermelho – A Revolução Russa e seus reflexos no Brasil*, com grande repercussão devido ao fato de representar um desafio à ditadura militar e à publicidade do *Correio da Manhã*, o único dos grandes jornais que combatia o regime, encontrei João Rui Medeiros, diretor da Editora José Álvares, no Rio de Janeiro. Conversamos e ele me perguntou se eu não poderia escrever sobre a vida e a obra de Lenin, um livro de divulgação, para uma coleção, na qual já havia publicado *Freud – Vida e obra*; *Marx – Vida e obra* etc.

Estávamos em meados de 1968, sob a ditadura militar. Minha prisão preventiva fora derrogada pela 1ª Auditoria de Marinha, perante a qual compareci, e, ao prestar depoimento depois, denunciei a tortura que muitos implicados no processo haviam sofrido. O juiz mandou calar-me e sentar-me. O então advogado Marcelo Alencar, ao meu lado, disse-me: "Moniz, você está maluco." E o processo contra mim, Leonel Brizola e outros, naturalmente, prosseguiu, como a espada de Dâmocles sobre nossas cabeças. Minha liberdade era precária, estava por um fio e certamente seria condenado. O julgamento constituía uma farsa para que a ditadura dissesse não haver preso político no Brasil. A sentença era ditada pelos oficiais do Centro de Informações da Marinha (Cenimar).

Sabia do risco que estaria a correr, inclusive pela publicação de *O ano vermelho*, livro encontrado praticamente em todos os aparelhos da esquerda insurgente que os serviços de inteligência e a polícia vasculhavam. Contudo, aceitei a missão. Como não cria no sucesso da luta armada, entendia que devia combater a ditadura militar tentando ampliar o espaço de liberdade, a escrever sobre o que era e podia ser proibido pelos que derrubaram o presidente João Goulart, assenhorearam-se do poder e destruíram a democracia política no Brasil. E agradava-me a ideia de escrever um livro de divulgação sobre Lenin e sua obra, para que os jovens aprendessem o que ele realmente pensara, escrevera e realizara. Milovan Djilas (1911-1955), ex-presidente da Iugoslávia, ressaltou que "a história não registra em suas páginas nenhuma outra personalidade como Lenin, que, pela sua versatilidade e paciência, provocou uma das maiores revoluções que o homem conhece".[1]

Aos 14 anos de idade, havia encontrado na biblioteca do grande criminalista baiano Edgard Matta, cujo filho João Eurico e eu éramos amigos, desde a infância, como irmãos, e o somos até hoje, o livro *O poder soviético*,[2] de Hewlett Johnson, deão de Canterbury, que muito me impressionou. Depois, quando meu tio Edmundo Moniz, jornalista e professor de filosofia, profundo conhecedor da dialética de Hegel e das obras de Marx, esteve na Bahia, no início de 1951, conversei sobre o tema com ele, que muito me explicou a questão e qualificou Stalin como "carniceiro". Depois, comprei, em junho de 1951 (a data está anotada nos exemplares dos livros), as *Obras escogidas*, de V. I. Lenin, Moscou: Ediciones en Lenguas Extranjeras, 1948, em dois tomos, e outras, em volumes esparsos de suas obras completas, entre as quais *El desarrollo del capitalismo en Rusia*, tomo III de Obras Completas, Buenos Aires: Editorial Cartago, 1957, assim, comecei a lê-los e a estudá-los, aos 15 anos de idade. Outrossim, li obras de Marx e Engels e de muitos dos seus

---

1. Milovan Djilas, *A nova classe*, 1958, p. 80.
2. Hewlett Johnson, 1943.

intérpretes, Karl Kautsky, Rosa Luxemburg, Eduard Bernstein, Leon Trotsky, Yussef Stalin etc. E Marx, homem de ciência, economista, historiador e sociólogo, *i.e.*, um acadêmico multidisciplinar, como Friedrich Engels, não tratou de criar nenhum sistema filosófico pronto e acabado, uma ideologia, dado que o nível de consciência e conhecimento devia acompanhar, evoluir com o desenvolvimento das forças produtivas da sociedade, sob as leis do capitalismo, que ele desvendou e apontou, em *Das Kapital*, e Rudolf Hilferding, Rosa Luxemburg e Karl Kautsky ampliaram estudando as mutações da economia e da história.

Não obstante admirar Lenin, assim como Trotsky, nunca fui leninista nem aceitei a doutrina da IV Internacional, apesar de qualificado como trotskista, por endossar e apoiar as denúncias dos crimes cometidos por Stalin, como *serial killer* dos que fizeram a Revolução Russa. Entendi sempre que o bolchevismo, com base no centralismo-democrático, no partido e na supressão das liberdades políticas pelo Poder Soviético, representava uma relação simbiôntica do populismo *narodniki* com o marxismo, e, uma vez Lenin morto, germinou o totalitarismo stalinista, elevado à condição de doutrina, o leninismo, "o marxismo de nossa época", como proclamou Grigoriy Zinoviev (1883-1936), um entre os mais de uma centena de dirigentes do partido bolchevique executados por ordem de Stalin.[3]

Desde adolescente, detestei o culto da personalidade de Stalin, quando o chamavam de "guia genial de todos os povos", "sol que ilumina a humanidade" etc. Sempre me pareceu abjecto o culto de sua personalidade. Certa vez, quando estava com 17 anos, João Castelo Branco, meu contemporâneo no Colégio da Bahia, e Celeste Campos pretenderam cooptar-me para a União da Juventude Comunista (UJC) e convidaram-me para uma reunião. Em dado momento, critiquei algo no programa do PCB, que me foi mostrado, e João Castelo Branco,

---

3. Grigory Zinoviev, 1925, p. 41.

rispidamente, disse: "Quem é você para contestar o que diz o Comitê Central." Era uma experiência real do centralismo democrático, do caráter autoritário do Comitê Central e, acima do Comitê Central, do "guia genial de todos os povos", o secretário-geral do PC.

Na oportunidade, referi-me à *Carta ao Congresso*, conhecida como o *Testamento*, na qual Lenin qualificou Stalin como "demasiado rude" e sugeriu, em adendo datado de 4 de janeiro de 1923, que buscassem um modo de retirá-lo do posto de secretário-geral e nomeassem "outro homem que o supere em todos os sentidos, isto é, que seja mais paciente, mais leal, mais afável e mais atento com os camaradas, menos caprichoso etc." João Castelo Branco logo vociferou que o *Testamento de Lenin* era uma "fabricação", fora "forjado no Departamento de Estado" dos Estados Unidos. Àquela época, os comunistas e a esquerda em geral, na Bahia e, creio, em todo o Brasil, ignoravam a existência da CIA. Porém, já imaginava que João Castelo Branco iria contestar-me, e havia levado comigo o exemplar de *Cuestiones del leninismo*, de Stalin, que também comprara e lera e lá havia uma citação do *Testamento*, contra Bukharin, quando Lenin ditou que "suas concepções teóricas muito dificilmente podem qualificar-se de inteiramente marxistas, pois há nele algo escolástico". Mostrei para João Castelo Branco a citação de Stalin contra Bukharin, existente no mesmo documento em que Lenin criticara e recomendara a remoção de Stalin da secretaria-geral do Partido Comunista. Ele calou-se.

Comecei a escrever este livro, *Lenin – Vida e obra*, em setembro de 1968. A turbulência no Brasil recrescia, a estremecer o governo do marechal Arthur da Costa e Silva (1899-1969). Cerca de 100.000 pessoas desfilaram pelas ruas do Rio de Janeiro, a protestar contra o regime implantado com o golpe militar de 1964. Também na cidade de São Paulo houve grandes passeatas. Greves ocorreram em Osasco (São Paulo) e Contagem (Minas Gerais). A polícia invadiu a Universidade de Brasília (UnB), espancou e prendeu estudantes. Em 12 de outubro, as forças de segurança prenderam mais de 900 estudantes, em Ibiúna (São Paulo), durante a realização do 30° Congresso da União Nacional de Estudantes (UNE). E, quatro dias depois, 16 de outubro, membros do Comando de Caça aos Comunistas (CCC), entre os quais o delegado Raul Nogueira de Lima, vulgo Raul Careca, e João Marcos Monteiro Flaquer, atacaram o professor Alberto Moniz da Rocha Barros, que se solidarizara com protestos estudantis, quando ele saía, à noite, da Faculdade de Direito da Universidade de São Paulo (USP), onde como livre-docente lecionava, e atravessava o Largo de São Francisco para comprar um maço de cigarros no bar em frente. Muito abalado pela violência, o professor Alberto Moniz da Rocha Barros sofreu brutal infarto e morreu, na madrugada de 8 para 9 de dezembro. Ao receber a notícia, chocado, interrompi meu trabalho e fui a São Paulo, para seu enterro. Era meu tio a quem eu muito queria e admirava. Mas havia conseguido, no final de outubro, terminar o livro e entregar a João Rui Medeiros os originais de *Lenin – Vida e obra* no final de outubro.

Após algumas semanas, em 13 de dezembro de 1968, sobreveio o Ato Institucional nº 5 (AI-5), baixado pelo marechal Arthur da Costa e Silva, a radicalizar o terror de Estado, dando aos grupos militares de direita poderes arbitrários para punir os dissidentes, os que se opusessem ao regime. E, já em 1969, a polícia do Rio de Janeiro invadiu a gráfica onde este livro estava virtualmente pronto para impressão, e, ao esquadrinhá-la, encontrou-o e apreendeu-o. Felizmente, eu tinha uma prova do livro, que se salvou, inclusive porque não estava comigo, na parte da biblioteca, em minha granja, no município de Rio Claro (RJ), levada pelo comando do Centro de Informações da Marinha, com a participação de um estrangeiro impertinente, decerto agente da CIA, quando me prendeu, em 3 de dezembro de 1969, um mês após o assassinato de Carlos Marighella (1911-1969), em São Paulo. Imaginei que também poderia ser aniquilado. Mas estava *sub-judice*. A 1ª Auditoria de Marinha havia me condenado a cinco anos de prisão, com base na Lei de Segurança Nacional e no Código Penal Militar. E, transportado para a cidade do Rio de Janeiro, fui lançado na masmorra da Ilha das Cobras, abaixo do nível do mar, a umidade da água traspassando as paredes, a comida com vermes, e tirado à meia-noite para interrogatório, pelo comandante João Maria Perestrelo Feijó, que então se apresentava como Dr. Asdrubal, em presença de outro oficial cujo nome nunca soube. Eu, que adolescente fizera, na Bahia, os preparatórios para ingressar na Armada pelas portas da Escola Naval, e ser oficial de Marinha, terminei por entrar através das portas do Presídio Naval, como prisioneiro político. *Maktub!* Assim estava escrito.

A sentença, quase ao fim de um ano, foi anulada pelo Superior Tribunal Militar (STM). Fui libertado. Mas, em 1972, a 1ª Auditoria de Marinha outra vez, contra o voto do juiz togado, condenou-me a quatro anos de prisão, com base no Código Penal Militar, acusado de incitamento de motim e dar guarida a militar criminoso, no apartamento que não era meu nem alugado por mim. Tudo ilegal. Escapei para São Paulo. Mas fui preso, quando certa vez fui à minha granja. E a sentença, ao fim de um ano, foi reduzida a dois pelo STM e meu advogado, Técio Lins e Silva, conseguiu, ao nível da 1ª Auditoria de Marinha, que reconhecesse a prescrição.

Entretanto, estive, no total, quase dois anos preso, de dezembro de 1969 a novembro de 1970, e, na outra vez, em 1973, até à véspera do Natal, a maior parte no Regimento Marechal Caetano de Farias, o que meus advogados Antônio Modesto da Silveira e, depois, Técio Lins e Silva, conseguiram, dado ter eu nível de ensino superior, formado em Ciências Jurídicas e Sociais, e a sentença não haver transitado em julgado. O Supremo Tribunal Militar, em 1974, absolveu-me. Não havia provas. Apenas três ou quatro depoimentos contraditórios entre si e sem fundamento documental. Voltei a morar em São Paulo e, em seguida, fui para o exterior pesquisar e escrever minha tese de doutoramento em ciência política, na Universidade de São Paulo.

Esqueci deste livro. Em 1978, dez anos depois de havê-lo escrito, certa vez voltei de Londres ao Brasil, estive no Rio de Janeiro e encontrei o ex-deputado Max da Costa Santos, meu amigo e companheiro de exílio em Montevidéu. Ele dirigia a Editora Paz e Terra, comprada pelo empresário Fernando Gasparian, que também havia adquirido a Editora José Álvaro e estava a publicar a coleção Vida e Obra. Lembrei-me então que havia escrito *Lenin – Vida e obra* e possuía uma prova do livro. Max da Costa Santos logo reivindicou para publicá-la.

O livro foi então lançado em 1978. Houve inúmeras reimpressões, sem que eu fosse informado. Só o soube, na segunda metade dos anos 1980, quando em São Paulo visitei Caio Graco da Silva Prado (1931-1992), diretor da Editora Brasiliense e meu amigo. Lá quem me falou das reimpressões foi uma funcionária, que antes havia trabalhado na Paz e Terra e certa vez colocou o ano e um número na folha de rosto. Quase meio século depois, 49 anos passados desde que foi escrito, este pequeno livro continua válido. É claro que fiz alguns acréscimos e comentários, porque, a partir daquela época, os acontecimentos desdobraram-se e a história é movimento. Infinita. A Revolução Russa, que marcou profundamente todo o século XX, foi toda a vida e a maior obra de Lenin. É necessário conhecê-lo – vida e obra – para a compreensão de toda uma época que se desvanece.

Os fatores do esbarrondamento da União Soviética, entre 1989 e 1991, não estavam no aprofundamento da democracia, que o presidente Mihail Gorbachiov empreendia, com a *glasnost* (transparência) e a *perestroïka* (reestruturação). Ele pretendia salvá-la. Mas as causas que determinaram o colapso da União Soviética estavam no processo de sua fundação, no seu nascimento. E Stalin agravou-os quando suprimiu todas as liberdades políticas, restantes ainda dentro do PC, e aboliu, em 1927, a Nova Economia Política (NEP), a economia de mercado, o capitalismo privado sob o controle do Estado, instituído por Lenin, em 1921, ao frustrar-se a revolução socialista na Alemanha e em outros países da Europa. E foi o que, posteriormente, Deng Xiaoping (1904-1997) implantou na China, a partir do final dos anos 1970, após a morte de Mao Zedong (1893-1976).

Conforme Karl Marx havia estudado e anotado, no prefácio de *Zur Kritik der Politschen Ökonomie*, uma formação social nunca esbarronda sem que as forças produtivas dentro dela estejam suficientemente desenvolvidas, e as novas relações de produção superiores jamais aparecem, em seu lugar, antes que as condições materiais que possibilitam sua existência estejam em gestação nas entranhas da própria sociedade antiga.[4] Entendia que, sem o rápido aperfeiçoamento dos instrumentos de produção e o constante progresso dos meios de transporte e de comunicação, com que a burguesia arrastava até as nações mais bárbaras à civilização,[5] não seria possível realizar o socialismo. O que viabilizaria o socialismo era a elevação do nível de desenvolvimento das forças produtivas, impulsionadas pelo capitalismo, porém, ao mesmo tempo que o trabalho cada vez mais se socializava, o progresso se processava de forma excludente e discriminatória. E daí a exploração, dado o carácter privado da apropriação do sobrevalor (*Mehrwert*), a parte não paga do tempo de trabalho do operário, encoberta pelo salário, o que atualmente se denomina de excedente econômico, de onde sai o lucro do empresário com as transações no mercado. Destarte, ao combater a teoria *narodniki* (populista) de que a Rússia podia alcançar o socialismo, a partir do *Mir*, a comunidade camponesa,

---

4. "Eine Gesellschaftsformation geht nie unter, bevor alle Produktivkräfte entwickelt sind, Für die sie, weit genug ist, und neue höhere Produktionsverhältnisse treten an die Stelle, bevor die materiellen Existenzbedingungen derselben im Schoß der alten Gesellschaft selbst ausgebrütet worden sind." Karl Marx, "Zur Kritik der Politischen Ökonomie – Vorwort", in *Karl Marx, Friedrich Engels, Werke*, Band 13, 1981, pp. 8-9.
5. Ibidem, pp. 8-9.

sem atravessar o purgatório capitalista, Friedrich Engels advertiu que, somente com a expansão da oferta de bens e serviços, em quantidade e em qualidade, a sociedade poderia atingir um nível, em que a liquidação das diferenças de classe significasse verdadeiro progresso e tivesse consistência, sem provocar, conjuntamente, o estancamento ou, inclusive, a decadência de seu modo de produção.[6]

Um socialismo autárquico, estatal, em um país isolado, dentro de uma economia mundial de mercado, capitalista, a depender do comércio, exportações e importações, era inviável. Mais cedo ou mais tarde iria estancar, como aconteceu com a União Soviética desde o fim dos anos 1960, e finalmente derruir.[7] O fim da União Soviética, em 1991, constituiu, no entanto, uma catástrofe geopolítica. Desequilibrou a correlação de forças, no contexto das relações internacionais, e resultou na desordem mundial. Outrossim, ampliou a área de acumulação do capital, ao incorporar ao sistema dominante no Ocidente as estruturas econômicas não capitalistas do Leste Europeu, e possibilitou a preeminência do capital financeiro internacional, do cartel ultraimperialista das potências mais ricas, sob a hegemonia dos Estados Unidos, e subordinadas, militarmente, pelo Tratado do Atlântico Norte (OTAN), cujo múltiplo objetivo sempre fora, "*to keep the Americans in, the Russians out and the Germans down*", conforme declarou seu primeiro secretário-geral, o general Hastings Lionel Ismay (1887-1935).[8] Os Estados de bem-estar social começaram assim a definhar, em

---

6. "Erst auf einem gewissen, Für unsere Zeitverhältnisse sogar sehr hohen möglich, die Produktion so hoch zu steigern, daß die Abschaffung der Klassenunterschiede ein wirklicher Fortschritt, daß sie von Dauer sein kann, ohne einen Stillstand oder gar Rückgang in dar gesellschaftlichen Produktionsweise herbeizuführen." Friedrich Engels, "Soziales aus Rußland", in *Karl Marx, Friedrich Engels, Werke*, Band 18, 1976, pp. 556-559. Esse mesmo artigo consta também em Karl Marx, Friedrich Engels, *Ausgewählte Schriften*, Band II, 1976, p. 39.
7. Luiz Alberto Moniz Bandeira, 2009, pp. 131-136.
8. Michael Lind, *The American Way of Strategy* – U. S. Foreign Policy and the American Way of Life, p. 134.

meio às conquistas da tecnologia, robotização, eletrônica etc., à *off shore manufacturing out sourcing*,[9] em busca de fatores mais baratos de produção. A concentração de riqueza e de poder e as disparidades sociais recresceram nos países da periferia do sistema capitalista, como seiva para o fundamentalismo religioso e o terrorismo. E, em meio à instabilidade política, nos mais diversos países, a desigualdade econômica e social extremou-se, enquanto os trabalhadores (mais de 200 milhões de desempregados, no mundo, em 2017)[10] perderam direitos sociais, que a revolução na Rússia havia induzido, indiretamente, as grandes potências capitalistas a incluir no Tratado de Versailles, em 1919, ante temor de que o comunismo se espraiasse pelo resto da Europa e outros.

Luiz Alberto de Vianna Moniz Bandeira
Sankt Leon – Baden-Württemberg, julho de 2017.

Nota de agradecimento

Meus agradecimentos a Luccas Eduardo Maldonado, estudante de história da USP, pela pesquisa para atualização desta obra, e a Egas Moniz Bandeira, pela pesquisa de livros na Universidade de Heidelberg.

---

9. Deslocação, exteriorização *offshore* e terceirização da produção manufatureira, em busca de fatores de produção mais baratos, para aumentar a competitividade e compensar a queda da taxa média de lucros.
10. "Global unemployment projected to rise in both 2016 and 2017", International Labor Organization, disponível em <http://www. ilo. org/global/about-the-ilo/newsroom/news/WCMS_443500/lang--en/index. htm>. "Global unemployment to rise by 3. 4 million in two years, report says – International Labour Organization predicts joblessness will surpass 200 million by end of 2017 for the first time on record", *The Guardian*, 19 jan. 2016, disponível em <https://www. theguardian. com/business/2016/jan/19/global-unemployment-3-million-rise-next-two-years--international-labour-organization-report>.

Apresentação à 1ª edição

Escrevi este livro há precisamente dez anos. Considerava necessário que a juventude conhecesse o pensamento de Lenin no contexto de sua vida e da Revolução Russa, que foi sua maior obra.

Lenin foi um revolucionário que não se aferrou ao marxismo como um dogma, como um sistema acabado de ideias, porém o desenvolveu como método de conhecimento da realidade. Revisou-o e adaptou-o às condições da Rússia, a fim de realizar a revolução, que era o seu principal objetivo.

Sem conhecer as circunstâncias em que ele escreveu cada uma de suas obras, é difícil apreender completamente o sentido de seu pensamento. Por isso, ainda creio válido o objetivo deste livro, que constitui, por conseguinte, uma obra de divulgação.

Luiz Alberto Moniz Bandeira
Rio de Janeiro, setembro de 1978.

As origens

"Lenin passa as 24 horas do dia absorvido pela revolução, só pensa na revolução e, até mesmo quando dorme, sonha com a revolução." Estas palavras de Pavel Axelrod (1850-1928), um dos líderes mencheviques, encerram, apesar do exagero, alguma verdade. A caricatura, no caso, ajuda a compreender o retrato: o retrato do militante comunista, a teoria e a prática.

Poucos homens conseguiram coordenar uma e outra tão harmoniosamente quanto Lenin. Nele a teoria e a prática se fundem. A vida e a obra se confundem.

Escreveu, em trinta anos de atividades, cerca de dez milhões de palavras, cada uma intimamente vinculada ao processo da maior revolução social da história: a revolução de Outubro, por ele organizada e dirigida.

Era a síntese do pensador e do homem de ação, do abstrato e do concreto.

Vladimir Ulianov, como verdadeiramente se chamava, nasceu em Simbirsk, a 22 de abril (10 de abril, pelo calendário juliano) de 1870.[1] Seu pai, Ilya Nikolaevich Ulianov, homem de testa grande, barba ruiva, dedos curtos e olhos de mongol, descendia de tártaro e de russo. Sua mãe, Maria Alexandrovna Blank, trazia o sangue alemão.

---

1. A revolução bolchevique substituiu o antigo calendário juliano, ainda adotado na Rússia, pelo calendário gregoriano, adotado no Ocidente.

Lenin simbolizava etnicamente a Rússia, a mistura de várias nacionalidades e de várias culturas. A Europa e a Ásia nele confluíam.

Apesar do título de Conselheiro Oficial do Estado, que dava ao velho Ulianov a condição de nobre (o quarto numa escala de 14 graus de nobreza) e a seus filhos o direito de herdá-la, a família de Lenin pertencia à classe média e tinha suas raízes na plebe. Ilya Nikolaevich exercia o cargo de inspetor e, mais tarde, diretor das escolas públicas, cargo que ocupou com zelo, dedicação e energia até 1886, quando morreu. Maria Alexandrovna, sua esposa, era filha de um médico, que possuía uma fazenda na província de Kazan. Se, por um lado, não passaram privações, não conheceram, por outro, a abastança. Viviam modestamente do trabalho.

Vladimir ou Volódia (apelido que lhe deram quando criança) teve seis irmãos: Ana, nascida em 1864; Aleksandr (Sacha), em 1866; Olga, 1871; Nikola, em 1873 (morreu alguns dias depois); Dmitri, em 1874; e Maria, em 1878. Um, porém, influenciaria, decisivamente, a sua vida: Aleksandr.

No ano de 1885, a *Narodnaia Volia* (Partido da Vontade ou *Liberdade do Povo*), organização terrorista, que congregava elementos da *intelligentsia* russa, estava praticamente liquidada. A sua estratégia consistia na realização de atentados contra os representantes da autocracia, a fim de despertar as massas populares para a revolução ou, ao menos, estimular os liberais na luta contra o czar. Toda a sua força se concentrava num comitê executivo, que se compunha de 28 pessoas e, até 1º de março de 1881, não possuiu mais de 37 militantes. Todos viviam na clandestinidade, sem qualquer relação social e familiar, devotados, exclusivamente, à causa revolucionária. Demonstravam extraordinário talento de organização, mas propiciaram o êxito da repressão policial. De agosto de 1878 a dezembro de 1879, para cada duas vítimas dos atentados, entre o pessoal do governo, dezessete revolucionários morreram na forca.

Aleksandr II tombou com a explosão de uma bomba, em 1º de março de 1881. Aleksandr III substituiu-o no trono e, longe de

LENIN: VIDA E OBRA

ceder, apertou ainda mais o cerco da reação. Um "Sashka atrás de Sashka", *i.e.*, "Um Aleksandr depois do outro", proclamou a *Narodnaia Volia*. Embora o assassinato de tiranos fosse quase tão antigo quanto a instituição da tirania, o terror sistemático, que assumiu a tarefa de eliminar sátrapa atrás de sátrapa, ministro atrás de ministro, monarca atrás de monarca, ajustava-se à hierarquia burocrática do absolutismo, e a *Narodnaia Volia* criou sua própria burocracia revolucionária, conforme Leon Trotsky (1879-1940), ironicamente, comentou acrescentando que o terrorismo individual, como método para a revolução política, representava o aporte "nacional russo", como método para a revolução política, produto desses "singulares poderes criadores da intelectualidade russa".

A *intelligentsia* voltava suas esperanças para a dinamite, toda vez que a intolerância e a brutalidade da autocracia, no seu obscurantismo, impediam o curso pacífico das manifestações de protesto. E a palavra de ordem da Narodnaia Volia – "Um Aleksandr depois do outro" – readquiria força para seduzir uma parte da mocidade e canalizar o seu desespero. Assim, quando a polícia proibiu, em 1886, a homenagem à memória do publicista radical Nikolay A. Dobrolyubov, pelo seu caráter político, um grupo de estudantes recordou: "Um Aleksandr depois do outro". Aleksandr III teria o mesmo destino que Aleksandr II, assassinado em 1881. Não restaria outra saída senão a bomba.

E começou a preparação do atentado. Nenhum do grupo, entretanto, possuía maior experiência ou uma concepção política definida. Dos seis membros que participaram da elaboração de um programa, três consideravam-se da Narodnaia Volia e três se declaravam simpáticos à social-democracia, à nacionalização das terras, das fábricas, de todos os meios de produção, e, partindo do ponto de vista de que não se podia atuar para o esclarecimento das massas, sob o regime de opressão, encaravam o terror como a única forma de ação imediata. E isto os unia sob a denominação comum de fração terrorista da Narodnaia Volia.

A esse grupo pertencia o filho mais velho de Ilya Nikolaevich Ulianov, Aleksandr (ou Sashka, para os seus familiares), enforcado no início do ano de 1887. Aliava à firmeza de caráter extraordinária ternura e sensibilidade. Tinha 21 e começara a estudar as obras de Marx, chegando a traduzir para o russo a *Introdução à crítica da Filosofia do Direito de Hegel*. É provável que Lenin ouvisse dos seus lábios as primeiras referências ao socialismo científico.

Aleksandr Ulianov, que, àquele tempo, cursava a Universidade de Petersburg, caiu preso, quando atravessava a Perspectiva Nevsky, a transportar um exemplar do *Dicionário de Medicina*. O dicionário, oco por dentro, enfeixava a dinamite e algumas cápsulas de estricnina. Era lº de março de 1887. No mesmo dia, a sua irmã, Ana, que nada sabia do acontecimento, teve a mesma sorte. A polícia descobriu a conspiração por acaso, quando procurava o autor de uma carta (o estudante Andreiuchkin, membro do grupo) que exaltava o terrorismo e a censura do correio interceptara.

Não se pode dizer que Aleksandr, então com 21 anos (1887), dirigisse a conspiração. Mas, diante da polícia e do tribunal, assumiu todas as responsabilidades. "A minha participação moral e intelectual no atentado foi completa, isto é, dei tudo o que me permitiam, a minha capacidade e a força dos meus conhecimentos e convicções", disse no sumário de culpa. Dos quinze acusados (o mais velho tinha 28 anos), cinco receberam a sentença de morte e, entre eles, Aleksandr Ulianov. Dois, a de prisão perpétua, e os demais, a de exílio.

À bravura do filho somava-se o valor da mãe, Maria Alexandrovna, que lhe repetia sempre por fora das grades: "Coragem, Coragem".

Aleksandr Ilytch Ulianov subiu ao patíbulo, a 5 de maio de 1887, na fortaleza de Schlusselburg.

Vladimir contava 17 anos. Mais tarde, quando o prenderam pela primeira vez, um colega, na cela, lhe perguntou:

– Que pretendes fazer depois de libertado?

Ele respondeu:

– Meu irmão mais velho iluminou o caminho.

O estudante

Vladimir distinguia-se de Aleksandr pelo temperamento alegre, sarcástico, impulsivo, nervoso e, no dizer de seu pai, colérico. Os dois, porém, possuíam muitos traços em comum: retidão, energia, intransigência, autodisciplina e vontade de ferro. E a grande dose de afeto e ternura, que Aleksandr carregava dentro de si, também não faltaria ao irmão.

Fyodor Kerensky exercia a função de diretor do ginásio de Simbirsk, ao tempo em que Vladimir concluiu o seu curso. Era, além do mais, amigo da família Ulianov e, com base nas suas observações, escreveu um parecer oficial sobre aquele estudante que, trinta anos depois, derrubaria o governo de seu filho, Aleksandr F. Kerensky (1881-1970).

E eis o que, em 1887, o velho Kerensky dizia do jovem Ulianov:

> Muito adiantado, constantemente aplicado e cuidadoso, Ulianov sempre esteve à frente de sua classe e, ao terminar seus estudos, ganhou a medalha de ouro, como o aluno mais digno, pelos seus êxitos, por sua atuação e conduta. Nem dentro nem fora do ginásio, não se registrou jamais um só caso em que Ulianov, seja por gesto, seja por palavra, merecesse uma opinião desfavorável dos diretores e professores do ginásio. A instrução e o desenvolvimento moral de Ulianov foram sempre atentamente vigiados pelos pais. E, a partir de 1886, depois da morte do pai, sua mãe exerceu

a tutela e consagrou todos os cuidados à educação dos filhos. Esta educação se baseou na religião e numa disciplina racional e seus frutos se evidenciaram na excelente conduta de Ulianov. Observando de muito perto o modo de vida familiar e o caráter de Ulianov, não pude deixar de sentir nele uma excessiva reserva e o ar distante, mesmo diante de pessoas do seu conhecimento e, fora do ginásio, diante dos seus colegas, que honravam as escolas. Alheava-se, geralmente, do trato com as pessoas. A mãe de Ulianov não tem a intenção de afastar-se do filho durante seus estudos universitários.

Fyodor Kerensky desejava, evidentemente, que o infortúnio de Aleksandr não prejudicasse a carreira de Vladimir. Qualquer que fosse o seu propósito, entretanto, jamais daria uma opinião tão favorável, se ela não correspondesse à realidade. Vladimir ficara estigmatizado: era irmão do jovem que tentara assassinar o czar e morrera na forca. E esta circunstância provocava, no seu meio, reações de todo tipo, espanto, medo e admiração. Daí a excessiva reserva e o ar distante que Fyodor Kerensky assinalara no seu comportamento. Aquele jovem de 16 para 17 anos, que até então tivera uma vida normal e tranquila, sofrerá, em pouco mais de um ano, uma sucessão de golpes: a morte do pai, em janeiro de 1886, a prisão de Ana e a execução de Aleksandr, na primavera de 1887. Tudo isto só poderia marcá-lo e retraí-lo.

Vladimir, que, na verdade, já perdera a fé na religião, não foi para a Universidade de St. Petersburg, onde o nome de Aleksandr Ulianov, executado alguns meses antes, ainda queimava a memória de todos. E Maria Alexandrovna talvez quisesse reter o filho junto a si, mantê-lo sob vigilância, para impedir que, como o outro, se envolvesse numa aventura. Vladimir matriculou-se na Universidade de Kazan, para onde se transferiu toda a família. O ambiente de Simbirsk tornara-se intolerável.

Kazan, conhecida como a capital do Volga, possuía, na época, 100.000 habitantes. O clima da Universidade era mais democrático. Ali o velho Ulianov estudou e se formou, mas o seu segundo filho não o faria sem algumas atribulações. A 4 de dezembro de 1887, sete meses depois da morte de Aleksandr, participou de uma reunião de protesto, na Universidade, e a polícia o prendeu. O reitor acusou-o de "dissimulação, incúria e falta de respeito". O sobrenome de Ulianov colocava-o, perante as autoridades, como "completamente capaz de manifestações de todo gênero, ilegais e criminosas".

– Por que você se rebela, jovem? – perguntou-lhe o comissário de polícia, acrescentando: – Não vê a muralha que existe na sua frente?

Ao que ele retrucou:

– A muralha, sim. Mas está balançando e vai cair.

Depois da prisão, o expurgo da Universidade e o exílio para a propriedade do avô, em Kokushkino, na província de Kazan.

Vladimir Ulianov só conseguiu permissão para prestar exames em janeiro de 1892. Passou como o primeiro entre 134 estudantes. Mas, então, uma causa de justiça seduzia o novo advogado: o socialismo.

A adolescência de Lenin coincide com o declínio de Narodnaia Volia e o avanço da social-democracia, não obstante o recrudescimento da repressão e o desânimo que se abateu sobre as camadas cultas da sociedade. Era a década de 1880-1890. O proletariado começava a crescer, a despertar e a emergir para a luta. Graves conflitos com a polícia pontilharam todo aquele período da história da Rússia. A agricultura entrava em crise. A nobreza arruinava-se. Os camponeses corriam para as cidades e aumentavam as fileiras do proletariado. As necessidades do desenvolvimento capitalista sacudiam a estrutura feudal que sustentava o czarismo.

Os *narodniki* (populistas) defendiam uma espécie de socialismo camponês, com base na comuna rural (*Mir*), como o embrião da futura sociedade, e manifestavam profunda hostilidade ao capitalismo industrial, cujas fábricas e minas consideravam responsáveis terríveis condições de miséria que o proletariado, no Ocidente, estava a enfrentar. Constituíam, na época, o principal núcleo revolucionário da Rússia, consideravam o campesinato a força fundamental da revolução, odiavam o capitalismo porque a industrialização destruía os fundamentos do *Mir* e entendiam que a Rússia poderia saltar diretamente do feudalismo para o socialismo, sem passar pelo purgatório do capitalismo.

A simpatia que nutriam pelas ideias de Marx e Engels, por não compreendê-las, provocava certa confusão e, de algum modo, entravava o desenvolvimento independente da social-democracia. Mihail Aleksandrovitch Bakunin, um dos líderes do anarquismo, começou a tradução de *O capital* e o economista Nikolay F. Danielson (1844-1918) a concluiu. A obra de Marx apareceu em 1872 e, nos anos de 1887-1888, circulava amplamente nos círculos operários, embora proibida pela polícia.

A impotência do terrorismo individual, porém, consumia toda a energia dos *narodniki*. A polícia estava prevenida e nenhuma organização poderia sobreviver, na clandestinidade, sem contar com o apoio efetivo da população. E o movimento *narodniki*, que se congregava sob o nome de *Zemlia i Volia* (Terra e Liberdade), cindiu-se, em 1878, em duas facções: *Narodnaia Volia* e o *Tcherny Perediel* (Partilha Negra). A *Narodnaia Volia* reunia os elementos mais combativos de *Zemlia i Volia* e propugnava pela participação nas lutas democráticas. O *Tcherny Perediel* procurava conservar a pureza do socialismo *narodniki*, da revolução camponesa, mas, desde o início, não teve condições de êxito. Os melhores quadros do movimento operário, camponês e estudantil voltavam-se para a *Narodnaia Volia*, que oferecia uma perspectiva de atuação política.

LENIN: VIDA E OBRA

O *Tcherny Perediel* constitui, no entanto, a célula de onde se desprendeu a social-democracia russa. Seus dirigentes, que procuravam preservar o *Mir* contra a industrialização, passaram a defender a industrialização contra o *Mir*. Acompanharam o sentido da evolução histórica e, como os camponeses que abandonavam suas terras e se proletarizavam, emigraram, ideologicamente, da comuna rural para as cidades das fábricas. Evoluíram do socialismo *narodniki* para o socialismo científico.

Coube a Georgi V. Plekhanov (1856-1918), líder do *Tcherny Perediel*, a iniciativa de fundar, no ano de 1883, o primeiro centro da social-democracia russa, que, inicialmente, se denominou Grupo da Emancipação do Trabalho. E vários dos seus companheiros, também egressos do movimento *narodniki,* colaboraram na tarefa: Vera Zassulitch (1849-1919) e Pavel Axelrod (1850-1928). Lenin, ou melhor, Vladimir Ilytch Ulianov tinha 13 anos. Algum tempo ainda transcorreria até que ele se iniciasse nas ideias de Marx e Engels. A história conspirava contra o czar Nicholas II. Faria coincidir o amadurecimento do processo revolucionário com a maturidade do homem que o dirigiria.

Os primeiros contatos de Vladmir Ilytch com um grupo de marxistas, liderado por Nikolay E. Fedoseiev, datam de 1888, na cidade de Kazan. Começou, àquele tempo, a ler as obras de Marx e Engels e, no ano seguinte, dedicou-se aos estudos de *O capital*, em Samara, onde sua mãe comprou uma pequena chácara. Também em Samara pôde ouvir de viva voz a experiência dos velhos revolucionários, como M. P. Golubeva, N. S. Dolgov, companheiro do terrorista Sergey G. Nechayev (1847-1882), autor de *Der Revolutionskateschismus* (O catecismo da revolução), e outros, que passaram a frequentar a sua residência. O jovem escutava, atentamente, tudo o que se relacionava com as atividades ilegais, a luta clandestina. Ora alguém contava como fugiu da prisão ou da Sibéria. Ora outro narrava como forjou um passaporte e pôde atuar sem cair nas malhas da polícia. Assimilava, enfim, todo aquele conhecimento e toda aquela vivência. Não se podia desprezar uma herança tão rica e tão fecunda, tão impregnada do espírito e da tradição das lutas naquela Rússia atrasada e semifeudal, onde o *Mir* do camponês e várias formas de servidão ainda coexistiam com uma indústria mais desenvolvida, sob certos aspectos, que em muitos países do Ocidente.

Os amigos do povo

A história da social-democracia russa, até a morte de Lenin, compreende quatro fases.

A primeira, pode-se dizer, foi de 1883, data da fundação do Grupo da Emancipação do Trabalho, até 1894, quando Vladimir Ilytch Ulianov apareceu pela primeira vez no cenário político, atacando os *narodniki,* principalmente K. Mikhailovsky (1842-1904) e Nikolay F. Danielson; com o folheto *Quem são os amigos do povo e como lutam contra os social-democratas?.*

Plekhanov participara, em 1889, do congresso de fundação da Internacional Socialista (a II Internacional), realizado em Paris. Ali, no ano de 1889, proclamou: "A Revolução Russa não pode vencer senão como revolução proletária. Não há nem pode haver outra saída." Mas, até os primeiros anos da década de 1890, a social-democracia não hostilizava, abertamente, o movimento *narodniki,* com o qual chegou, inclusive, a tentar uma unificação, no estrangeiro. Não havia, ao fim da década de 1880, uma definição muito clara entre as duas tendências, apesar do folheto de Plekhanov, intitulado *Nossas Diferenças.* O fio de demarcação passava apenas pela controvérsia sobre os métodos de luta. Os populistas defendiam a ação direta, *"la propagande par le fait",* isto é, o terror, enquanto os marxistas insistiam na necessidade de difundir as ideias da revolução e organizar as massas.

A segunda fase, que se iniciou em 1894, correspondeu ao processo de diferenciação definitiva e de consolidação da social-

-democracia, como tendência e como partido, dentro do movimento revolucionário russo. A partir daí Lenin representou um papel cada vez mais decisivo na sua evolução: de 1903 a 1914, na luta contra os mencheviques, e de 1914 a 1923 (quando adoeceu), afirmando a sua fração como partido independente, promovendo a insurreição de Outubro, constituindo a III Internacional ou Internacional Comunista e consolidando o Estado soviético.

Quem são os amigos do povo e como lutam contra os social--democratas? Esse documento, escrito por um homem de 24 anos, constituía uma reafirmação dos princípios fundamentais do socialismo científico, da sociologia e da economia política de Marx, contra os subjetivistas, os chamados amigos do povo, os *narodniki*. "O materialismo" – dizia Lenin – "proporcionou um critério, completamente objetivo, ao destacar as relações de produção, como o arcabouço da sociedade, e ao permitir que se aplique a estas relações o critério científico geral da repetição, cuja aplicação à sociologia negavam os subjetivistas." Eles, embora reconhecendo que determinadas leis regem os fenômenos históricos, não puderam ver a evolução das formas sociais como um processo histórico natural, acentuava Lenin, precisamente porque não passavam além das ideias e fins sociais do homem, sem saber reduzir essas ideias e esses fins às relações sociais materiais.

A obra divide-se em duas partes: na primeira, Lenin reafirmou os princípios do socialismo de Marx e Engels e, na segunda, defendeu as posições dos marxistas russos, que começaram pela crítica dos métodos subjetivos dos socialistas anteriores, não apenas constatando e condenando a exploração, mas procurando explicá-la. A história da Rússia, depois da reforma (com que Aleksandr II aboliu o direito de servidão, em 1861), consistia, segundo Lenin, na ruína das massas e no enriquecimento de uma minoria, ocorrendo a expropriação dos pequenos produtores paralelamente ao avanço do progresso técnico. E, à medida que se afirmava a economia mercantil, os marxistas

LENIN: VIDA E OBRA

não poderiam deixar de reconhecer que se tratava de "uma organização burguesa (capitalista) da economia social, organização que *necessariamente* engendra a expropriação e a opressão das massas".

Em *Quem são os amigos do povo e como lutam contra os social-democratas?*, o jovem Vladimir Ilytch Ulianov apresentava-se de corpo inteiro, com a sua estatura de pensador marxista plenamente amadurecido. Não importa que nome viesse depois a adotar: V. Ilin, V. Frei, K. Tulin, N. Lenin. Ele sempre continuaria dentro daquelas linhas, que traçou com a mão firme, na sua coerência de revolucionário. Não poderia haver outra saída – escreveu – senão "a luta das classes espoliadas contra as classes possuidoras, luta que constitui o conteúdo principal da realidade econômica da Rússia, começando pela aldeia mais longínqua e terminando com a fábrica moderna mais aperfeiçoada". O capitalismo, segundo observou, convertera os principais ramos industriais em grandes indústrias mecanizadas e, ao socializar, desse modo, a produção, criou as condições materiais do novo regime e, simultaneamente, uma nova força social: o proletário urbano.

Embora a social-democracia simpatizasse com a industrialização, porque ela criava as condições para o socialismo e a classe que o realizaria, o proletariado, "nenhum marxista" – salientava Lenin – "utilizou, em qualquer lugar, o argumento de que na Rússia deve haver capitalismo, porque há no Ocidente, [...] Nenhum marxista viu jamais na teoria de Marx uma espécie de esquema filosófico-histórico obrigatório para todos, algo mais que a explicação de uma determinada formação econômico-social".

A realidade, para Lenin, era "a organização burguesa da sociedade russa, organização que divide a massa do povo em proletariado e burguesia, [...] o caráter de classe do Estado russo, que não é mais que o órgão de dominação desta burguesia", só restando, portanto, como "única solução [...] a luta de classe do proletariado contra a burguesia".

Aquele rapaz, que chegara a St. Petersburg, então capital do Império Russo, em 31 de agosto de 1893, e ingressara no círculo de Georgi Plekhanov, não mais descansaria. Teria de combater em várias frentes. Se, de um lado, precisava firmar a doutrina de Marx e Engels contra os *narodniki,* não transigiria, por outro, com os inimigos internos, aqueles que, de dentro da social-democracia, procuravam desvirilizá-la, transformando-a num produto de consumo aceitável pelas classes dominantes da Rússia. Eram os que apontavam como partidários do marxismo legal, liderados por Peter Struve.

Lenin, a esse tempo, conheceu Nadezhda (Nadya) Konstantino-va Krupskaya, que trabalhava como secretária na administração da ferrovia, e ligou-se aos irmãos Krassim (Leônidas e Hermann), fundando a União de Luta pela Emancipação da Classe Operária. Nadezhda transformou-se em sua companheira de todos os dias, em sua auxiliar, ajudando-o, a cada passo e a cada minuto, na obra que iniciava a empreender.

Ela pertencia a uma família nobre, mas arruinada. Era filha de Konstantin Krupski, funcionário do Império, que, pelo seu espírito liberal (defendeu a Polônia contra a política de russificação), teve uma vida bastante atribulada, depois de demitido, processado e, diversas vezes, levado às barras do tribunal. Nadezhda viveu praticamente na pobreza ao lado de sua mãe, quando Konstantin Krupski faleceu.

As perseguições, que o pai sofreu, e as dificuldades da sua infância marcaram a personalidade de Nadezhda Krupskaya. Aos 14 anos, começou a lecionar para aumentar a receita de casa e, por meio das aulas que ministrava, aproximou-se dos operários, identificou-se com seus problemas e sentiu a necessidade de participar também da luta. Principiou a sua militância revolucionária, em 1891, aderindo a um círculo de estudos marxistas.

A abnegação e o espírito de renúncia, que lhe ditavam a sua índole e a sua consciência, valeram-lhe grande confiança e prestígio junto àquela gente humilde trabalhadora. Graças, assim, aos contatos que mantinha com os operários, como professora, e à sua atuação num comitê contra o analfabetismo, pôde auxiliar o futuro Lenin a formar diversos grupos social-democratas, em Petersburg, a partir de 1894.

Ambos se casaram em julho de 1898. Estavam condenados à pena do desterro e juntaram-se na Sibéria.

Desenvolvimento do capitalismo

Vladimir Ulianov saiu da Rússia, pela primeira vez, em abril de 1895. Viajou para a Suíça, França e Alemanha, a fim de estabelecer contatos com os núcleos de marxistas, na emigração, dirigidos por Georgi Plekhanov, Pavel Axelrod e Vera Zassulitch.

Preso, ao regressar, passou um ano no cárcere, até que, em fevereiro de 1897, o tribunal o condenou à pena de desterro na Sibéria.

A autodisciplina, que constituía a coluna principal de sua personalidade, o método e a organização permitiram-lhe enfrentar, com naturalidade, o tempo na cadeia. Destinava todas as suas horas a algum trabalho. Fazia ginástica, cinquenta genuflexões "respeitosas, prostrando-se até o solo", a ponto de, conforme seu próprio depoimento, provocar estupefação no carcereiro: era tão devoto aquele homem que nunca pedira para ver a capela da prisão. E dos exercícios físicos passava à leitura, da leitura à tradução, da redação novamente aos exercícios físicos e da leitura séria à novela. Distribuía seus estudos conforme os livros de que dispunha, de sorte a alternar e variar as matérias.

Lenin, que sempre revelara especial tendência pelas pesquisas e pelas estatísticas, iniciou então um estudo econômico intitulado *O desenvolvimento do capitalismo na Rússia*. Precisava destruir, totalmente, aqueles que ainda nutriam ilusões no agrarismo, os *narodniki*, que depositavam suas esperanças no camponês e na comuna rural, não vendo que as relações de produção se modificavam, corroendo todo o arcabouço feudal da sociedade russa.

A obra, iniciada em 1896, exigiu três anos de trabalho, incluindo ampla pesquisa, com a qual sua mãe colaborou, enviando-lhe livros e documentos sobre a economia russa. Saiu publicada em 1899, quando ele ainda se achava na Sibéria. Era uma análise sobre a formação do mercado interno para a grande indústria, mostrando as características da evolução capitalista da agricultura russa, após a reforma de Aleksandr II, a decomposição do campesinato, o êxodo rural e a transição do sistema feudal para a economia de mercado. Também focalizava o desenvolvimento da indústria, da pequena indústria camponesa (*kustares*) e da manufatura capitalista.

No prólogo à primeira edição de *O desenvolvimento do capitalismo na Rússia*, Lenin lamentou que *A questão agrária*, de Karl Kautsky (1854-1938), então líder incontestе da Internacional Socialista, só lhe chegasse às mãos quando sua obra estava parcialmente composta e impressa. Kautsky era o legatário de Marx e a quem Engels encarregou de coordenar o terceiro volume de *O capital* para a publicação. A sua "magnífica análise", segundo a expressão de Lenin, do desenvolvimento da agricultura na sociedade capitalista, representava "a mais notável das publicações sobre a economia contemporânea, depois do terceiro tomo de *O capital*".

Lenin feriu fundo o problema: "O mercado interno reduz-se, na Rússia, como consequência da ruína dos camponeses e como resultado da impossibilidade de realizar a mais-valia sem mercado exterior, sendo este inacessível para um país jovem, que entra demasiado tarde no caminho do desenvolvimento capitalista." E, da análise da lei que rege a formação do mercado interno – com o aprofundamento da divisão social do trabalho –, estuda a ruína do campesinato, a sua expropriação e as diversas camadas em que se decompôs.

O volumoso trabalho abarca todos os ângulos do problema do desenvolvimento capitalista da Rússia, da agricultura à indústria, e, embora não chegue a examiná-lo sob o aspecto do mercado exterior, Lenin assinala: "O importante é que o capitalismo não pode subsistir e desenvolver-se sem uma constante ampliação da esfera de seu domínio, sem colonizar novos países e enrolar os velhos países não capitalistas no torvelinho da economia mundial".

Lenin ressalta o caráter progressista do capitalismo na Rússia, sem que isto, porém, implicasse a sua apologia. E considerava que os populistas, precisamente por não reconhecê-lo (o caráter progressista do capitalismo), não percebiam ou mesmo acobertavam as suas contradições mais profundas: a decomposição do campesinato, o caráter capitalista da evolução da agricultura, a formação da classe dos trabalhadores assalariados das cidades e dos campos, bem como a destruição da pequena manufatura.

O caráter historicamente progressista do capitalismo consistia no aumento das forças produtivas do trabalho social e da sua socialização, com a mecanização da grande indústria. A Rússia do moinho de água, do arado de madeira e do tear manual transformou-se, depois da reforma de Aleksandr II, na Rússia do arado de ferro, do moinho e do tear a vapor. Todos os ramos da economia passaram por uma profunda transformação tecnológica.

O desenvolvimento do capitalismo na Rússia, fazendo coexistir os mais adiantados tipos de indústria e formas semifeudais da agricultura, equacionava as premissas para que a revolução burguesa só pudesse triunfar como revolução proletária.

As tarefas da social-democracia

A luta contra os *narodniki* esteve, durante algum tempo, no centro de suas preocupações. Consolidou os princípios do marxismo em *Quem são os amigos do povo?* e apresentou a sua fundamentação econômica, dentro de uma realidade concreta, cheia de dados e de estatísticas, em *O desenvolvimento do capitalismo na Rússia*. Se, do ponto de vista teórico, as diferenças estavam suficientemente esclarecidas, do ponto de vista prático ainda reinava a confusão. Qual o seu programa político? Quais os seus métodos e a sua tática?

Lenin, em 1898, lançou um folheto (editado em Genebra) procurando definir, pela primeira vez, as tarefas dos social-democratas russos:

> O trabalho socialista dos social-democratas russos consiste em fazer propaganda das doutrinas do socialismo científico, em difundir, entre os operários, um conceito justo sobre o atual regime econômico-social, sobre seus fundamentos e seus desenvolvimentos, sobre suas relações recíprocas, sobre a luta destas classes entre si, sobre o papel da classe operária nesta luta, sua atitude diante das que estão em evolução, sua atitude diante do passado e do futuro do capitalismo, sobre a tarefa histórica da social-democracia internacional e da classe operária russa.

Lenin pregava a agitação entre os trabalhadores, a participação em todas as suas manifestações espontâneas, em todos os conflitos com os capitalistas, provocados pela jornada de trabalho, pelo salário, pelas condições de trabalho:

> A tarefa dos socialistas é fundir toda a sua atividade com os problemas práticos, cotidianos, da vida operária, ajudar os trabalhadores a orientar-se nesses problemas, dirigir a atenção do proletariado para os abusos mais importantes de que são objeto, auxiliá-lo a formular mais exata e praticamente suas reivindicações aos patrões, desenvolver nos operários a consciência de sua solidariedade, a consciência da comunidade de interesses e da comunidade de causa de todos os operários russos como classe operária única, que integra o Exército mundial do proletariado.

Considerou como atividade socialista a organização de círculos entre os operários, o estabelecimento de relações regulares e conspirativas entre eles e o grupo central dos social-democratas, a edição e difusão de literatura operária, a organização do envio de correspondência de todos os centros operários, a edição de volantes e panfletos de agitação e sua difusão e preparação de um contingente de agitadores experimentados.

Em *As tarefas da social-democracia russa,* Lenin esboçou aquelas ideias que poucos anos depois desenvolveria em *Que fazer?* e seriam o ponto de partida para a cisão da social-democracia russa em mencheviques e bolcheviques. A social-democracia não deveria "desperdiçar suas forças". Deveria "concentrar-se na atividade entre o proletariado industrial, que é mais susceptível de assimilar as ideias socialistas, o mais desenvolvido intelectual e politicamente, o mais importante pelo número e pela concentração nos grandes centros políticos do país".

Isto não significava que a social-democracia russa esquecesse as demais camadas do proletariado e da classe operária russa. Mas não era prático enviar agitadores aos operários a domicílio e aos trabalhadores rurais. A agitação entre as camadas mais avançadas do proletário "é o caminho mais seguro, o único caminho para conseguir também o despertar (na medida que se vá estendendo o movimento) de todo o proletariado russo".

A social-democracia estava disposta a apoiar os revolucionários russos que chegassem a organizar, com base na luta de classes, um empreendimento socialista, sem ocultar, porém, que "nenhuma aliança prática com outras frações [...] não pode nem deve conduzi-la a compromissos ou concessões, no que toca à teoria, ao programa, à bandeira". Qualquer tentativa de atar o movimento operário russo a doutrinas menos definidas encontrar-se-ia sob o fogo de sua crítica. Esse sentido de clareza constituiria, por muito tempo, a quintessência da educação leninista do militante.

"Os social-democratas" – esclareceu Lenin – "apoiam as classes sociais progressistas contra as reacionárias, a burguesia contra os representantes da casta privilegiada dos grandes latifundiários e contra a burocracia, a grande burguesia contra os apetites reacionários da pequena burguesia." Mas – isto sempre deixou bem claro – "este apoio não pressupõe nem exige compromisso algum com programas e princípios não social-democratas: é o apoio a um aliado contra um inimigo determinado".

Os social-democratas "prestam esse apoio para acelerar a queda do inimigo comum, mas não esperam nada para si dos aliados transitórios nem lhes fazem nenhuma classe de concessões". Lenin sempre insistia na completa independência do proletariado, mesmo diante dos seus aliados:

> Só o proletariado pode ser – e pela sua posição de classe não pode deixar de sê-lo – democrata consequente até o fim, decidido inimigo do absolutismo, incapaz de fazer concessão alguma ou de contrair qualquer compromisso. Só o proletariado pode ser lutador de vanguarda pela liberdade política e pelas instituições democráticas.

LUIZ ALBERTO MONIZ BANDEIRA

Completava-se a crítica ao populismo, crítica esta que Georgi Plekhanov (1856-1918) iniciará na década de 1880, através de várias publicações. O avanço do movimento operário, paralelamente à decomposição do campesinato e à ruína do *Mir*, contribuiu decisivamente para minar a base social do seu predomínio político. Uma onda de greves sacudiu Petersburg em 1895, no mesmo ano em que Vladimir Ulianov, V. Chelgunov, I. V. Babuchkin, Grigoriy Zinoviev e os irmãos Krassim fundavam a União de Luta pela Emancipação da Classe Operária, passo definitivo para a unificação dos grupos marxistas e a constituição do Partido Operário Social-Democrata Russo (POSDR) que, curiosamente, nasceu quando a maioria dos seus inspiradores estava ou no exílio ou na prisão.

O primeiro congresso realizou-se em 30 de março de 1898, após sucessivos adiamentos em consequência das batidas policiais. Só restavam, em Petersburg, quatro membros, dos quais três eram mulheres (uma delas Nadezhda Krupskaya), para eleger um delegado. Os representantes de Moscou, St. Petersburg, Kiev, do jornal *Operário do Sul* e do *Bund Judaico* reuniram-se em Minsk, durante três dias. Ao final, apenas se publicou um manifesto. E, poucos dias depois, a polícia prendeu oito dos nove delegados e dois dos três membros do Comitê eleito no congresso.

A pena de exílio, que Lenin cumpria na Sibéria, terminou em fevereiro de 1900. A de Krupskaya, porém, não acabara. Ele viajou para o exterior e ela, um ano depois, iria ao seu encontro. Ambos encontrar-se-iam novamente em Münich para começar nova jornada.

Iskra (A Centelha)

Vladimir Ulianov, depois de cumprir a pena de desterro na Sibéria, atravessou novamente a fronteira da Rússia, para o ocidente da Europa, em 29 de julho de 1900. Foi mais uma vez ao encontro dos companheiros, de Georgi Plekhanov, Pavel Axelrod e Vera Zassulitch, e alentou a ideia de unificar os diversos grupos socialistas. O POSDR, fundado em 1898, ainda não conseguira afirmar-se. Seu primeiro jornal, intitulado *Rabóchaia Gasieta* (Jornal Operário), foi editado em Kiev, e o I Congresso do POSDR o elegeu como órgão oficial, mas não passou do segundo número. O ambiente dos emigrados constituía um laboratório de conflitos. O desajuste, o vazio, as frustrações compunham o clima ideal para a cultura de neuroses. A situação entre os russos que se espalhavam pelas cidades da Europa não era diferente. E, além do mais, os debates em torno do revisionismo contribuíam para dividir ainda mais aqueles grupos.

Eduard Bernstein (1850-1932), discípulo e amigo de Friedrich Engels, um dos líderes da Internacional Socialista (II Internacional), havia proclamado a necessidade de rever a doutrina de Marx, com a publicação da *Die Voraussetzungen des Sozialismus und die Aufgaben der Sozialdemokratie* (J. H. W. Dietz, Stuttgart, 1899), na qual apontou a existência de um *"dualismus"*, na *"monumentale Marxsche Werk"* ("monumental obra de Marx"), uma vez que, conquanto constituísse uma pesquisa científica, já apresentava uma tese pronta e um resultado predeterminado. Acentuou ainda que havia resto de *utopismus* no *Kommunistische Manifeste*, que Marx aceitou essencialmente a solução dos utopistas, porém seus meios e provas foram insuficientes. Bernstein descartou a possibilidade de colapso do capitalismo, mas sua evolução gradual até o socialismo.

As concepções de Bernstein provocaram intensa celeuma nos círculos socialistas. A elas se opuseram, com veemência, Karl Kautsky, também discípulo direto de Engels e teórico da II Internacional, Rosa Luxemburg, Georgi Plekhanov e muitos outros. O revisionismo, porém, deitou raízes no seio da social-democracia russa e alemã. Formou-se uma escola, a dos economistas, os quais se aproximavam de Bernstein.

Assim, quando Ulianov chegou a Genebra, sentiu que uma série de problemas dificultava a unificação dos grupos marxistas, sob a bandeira do POSDR. E, além do mais, as suas relações com Plekhanov não se estabeleceram no nível em que ele esperava. Houve mesmo desentendimento. Plekhanov retribui-lhe a admiração e o respeito, que Ulianov lhe devotava, com frieza e alguma hostilidade.

Escreveu Lenin:

> Minha paixão por Plekhanov desapareceu como por encanto. Nunca, absolutamente nunca, em minha vida, olhei outro homem com tanto respeito e com tanta veneração. Nunca experimentara, diante de outro homem, tanta humildade, como diante dele, e nunca até então me senti tão brutalmente burlado... Quando um homem, com o qual desejamos colaborar, estreitamente, emprega táticas de xadrez ao tratar com seus camaradas, não pode haver a menor dúvida de que é mau homem. Sim. Um mau homem, inspirado pelos mesquinhos motivos de vaidade e de amor-próprio... um homem insincero.

LENIN: VIDA E OBRA

Aquele moço de trinta anos, que acabava de chegar dos confins da Rússia, experimentou uma vasta decepção ao conhecer o mestre. Mas não desistiu. Pretendia fundar um jornal que servisse como elo de todos os grupos locais da social-democracia, unificá-los e consolidá-los num partido. O jornal circularia, clandestinamente, por todo o interior da Rússia, e uma equipe de militantes, encarregada de empunhá-lo como arma, encarregar-se-ia de estabelecer contatos com os melhores elementos do proletariado, recrutá-los, dar-lhes consciência de classe e participar de todas as greves e manifestações espontâneas, para organizá-las, dirigi-las e transformá-las em movimentos políticos, de contestação do poder. Precisaria, para tanto, combater todas as concepções nocivas à revolução, principalmente aquelas que se apresentavam com a máscara do socialismo, tais como a dos economistas, revisionistas e populistas.

O jornal, de qualquer forma, saiu, seis meses depois da chegada de Ulianov a Genebra. Denominava-se *Iskra* (A Centelha) e levava como divisa: "Da centelha nascerá a chama". Seu primeiro número circulou a 11 de dezembro de 1900, depois de um compromisso que unia os velhos – Plekhanov, Axelrod e Vera Zassulitch – ao grupo dos novos, onde se destacavam Ulianov, Yuliy Martov (1873-1923) e Aleksandr Potresov (1869-1934).

Vladimir Ulianov passou então a assinar todos os seus artigos com o pseudônimo de Lenin e assegurou para Krupskaya, que chegaria pouco depois a Genebra, o posto de secretária, o que equivalia a colocar sob a sua estreita vigilância todos os contatos no interior da Rússia. Sentiu por ter que agir desse modo, mas, para o bem da causa, não podia confiar num homem que empregava "táticas de xadrez ao tratar com seus camaradas". Previa que, dentro de pouco tempo, se tornaria, talvez, inevitável uma cisão.

Os veteranos, entre os quais Plekhanov, do mesmo modo que os novos, com exceção de Lenin, viam na *Iskra* mais um jornal revolucionário de grande importância para a luta contra o czarismo.

47

E apenas isto: um jornal revolucionário. Lenin, entretanto, tinha uma ideia diferente: o jornal substituiria a antiga bomba dos *narodniki*, serviria como arma, veículo de agitação e organização, nas mãos de um corpo de militantes, dedicados, exclusivamente, à causa do socialismo. A esse tempo, Lenin desenvolveu as ideias expostas em *As tarefas da social-democracia russa* e, no quarto número da *Iskra* (maio de 1901), escreveu *Por onde começar?*. Mostrava o que deveria informar o conteúdo da agitação, o seu objetivo e o plano para criar uma organização de combate destinada a atuar em toda a Rússia.

Ainda tentava, porém, a unificação com os economistas, que se agruparam, depois do rompimento com Plekhanov, em torno da União dos Social-Democratas Russos no Estrangeiro. E, só em junho de 1901, quando todas as *démarches* de entendimento fracassaram, passou à ofensiva. Lançou *Que fazer?*. Se esmagava, por um lado, os economistas, aqueles que pretendiam manter a luta apenas no nível das reivindicações sindicais, provocava, por outro, uma fenda ainda mais profunda, que dividiria os social-democratas em bolcheviques (majoritários) e mencheviques (minoritários).

Lenin percebia a importância política e a significação histórica de *Que fazer?*, obra fundamental para a compreensão de sua teoria de partido. Não atacou apenas uma corrente da social-democracia russa, o economismo, refletida pelo jornal *Rabochéie Dielo* (Causa do Trabalho), mas "a dispersão e as vacilações, [...] traço característico de todo um período" do movimento. Sabia que sem liquidar definitivamente esse período a social-democracia russa não poderia avançar. E, para avançar, romperia não apenas com os economistas, mas também com seus próprios companheiros da *Iskra*, inclusive aqueles que mais estimava: Martov e Potresov. *Que fazer?* representava o prólogo de uma nova fase, de uma nova luta.

Que fazer?

Lenin começou a obra com um ataque aos defensores da liberdade de crítica, palavra de ordem lançada pelos que pretendiam, como Eduard Bernstein, proceder à revisão dos princípios fundamentais da doutrina de Marx e Engels, ou seja, da luta de classes, da revolução e da ditadura do proletariado. A tendência crítica, para Lenin, não passava de mais uma variedade do oportunismo, que campeava no movimento social-democrata. Os alemães adeptos de Bernstein, os ministerialistas franceses – seguidores de Alexandre Millerand (1859-1943), líder socialista que aceitou participar do governo –, os fabianos ingleses e os críticos russos, que investiam contra o marxismo dogmático, todos pertenciam à mesma família, a família dos revisionistas. A liberdade de crítica, que reclamavam, seria "a liberdade da tendência oportunista no seio da social-democracia, a liberdade de fazer da social-democracia um partido democrata de reformas, a liberdade de introduzir no socialismo ideias burguesas e elementos burgueses".

"A liberdade" – dizia Lenin – "é uma grande palavra, porém, sob a bandeira da liberdade do trabalho são despojados os trabalhadores. A mesma falsidade intrínseca encerra o emprego contemporâneo da expressão liberdade de crítica em sua acepção atual."

Lenin justificou a aliança que, durante algum tempo, houve entre os revolucionários e os marxistas legais, pelas necessidades da luta contra as ideias *narodniki* e a fim de burlar a censura do

Império. "Mas é condição indispensável [...] que os socialistas tenham amplas possibilidades de revelar aos operários o antagonismo inconciliável entre seus interesses e os da burguesia." Os revisionistas de todos os matizes, como os críticos russos, procuravam, entretanto, eliminar

> esta possibilidade e corrompiam a consciência socialista, desvirtuando o marxismo, pregando a teoria da atenuação das contradições sociais, proclamando que é absurda a ideia da revolução social e da ditadura do proletariado, reduzindo o movimento operário e a luta de classes a um *tradeunionismo* estreito e à luta realista pelas reformas pequenas e graduais.

A tendência para definir posições, marcar, nítida e sentenciosamente, as divergências, revela-se em toda a obra de Lenin. Não permitia que as ideias se misturassem nem que persistisse o clima nebuloso, confuso e vago, ideal para o florescimento do que considerava oportunismo. Daí porque ressaltava a importância da teoria. "Sem teoria revolucionária não pode haver [...] movimento revolucionário. Nunca se insistirá demais sobre esta ideia num tempo em que a prédica em voga unia-se a um entusiasmo pelas formas mais mesquinhas nas atividades práticas."

O oportunismo, para ele, não consistia na elaboração de acordos práticos, visando a fins concretos e definidos, mas na concessão de princípios e daí as afirmações peremptórias e intolerantes. O partido, por isto, precisava conformar a sua própria fisionomia, ajustando

> suas contas com as demais tendências do pensamento revolucionário, que ameaçam desviar o movimento do caminho justo. Um erro, *sem importância* à primeira vista, pode causar os mais desastrosos efeitos e só as pessoas míopes podem julgar inoportunas ou supérfluas as discussões de frações e a delimitação rigorosa dos matizes.

LENIN: VIDA E OBRA

Lenin tinha consciência e insistia no ponto de vista de que "da consolidação de tal ou qual matiz pode depender o futuro da social-democracia por anos e anos". E ele queria fazer a revolução social. Os piores inimigos não eram, portanto, aqueles abertamente declarados, os reacionários, mas, sobretudo, os que maiores possibilidades apresentavam de enganar e arrastar as massas para outro caminho que não o da revolução social.

A teoria revolucionária adquiriu, assim, uma significação fundamental para a luta e "tudo o que seja prosternar-se ante o movimento espontâneo, tudo o que seja rebaixar a importância do elemento consciente, a importância da social-democracia, equivale – independentemente da vontade de quem o faz – a fortalecer a influência da ideologia burguesa sobre os operários".

O movimento operário, espontaneamente, não poderia produzir mais que o *tradeunionismo*, "isto é, a convicção de que é necessário agrupar-se em sindicatos, lutar contra os patrões, conseguir do governo a promulgação de tais ou quais leis necessárias para os operários etc.". A doutrina do socialismo, pelo contrário, "surgiu de teorias filosóficas, históricas, econômicas, que representantes cultos das classes possuidoras, intelectuais", elaboraram, a exemplo de Marx e Engels. Considerava, por isto, "profundamente justas e importantes" as palavras de Karl Kautsky, quando disse que "a consciência socialista contemporânea não pode surgir senão na base de um profundo conhecimento científico". O proletariado, abandonado às suas próprias forças, não poderia chegar, portanto, à consciência socialista, porque a ciência ainda constitui monopólio das classes dominantes. Foi preciso que alguns intelectuais compreendessem as relações do capitalismo, a lei das lutas de classes e, renegando a sua posição social e as suas origens burguesas, compusessem as teorias do socialismo contemporâneo.

"Visto que não se pode falar de uma ideologia independente, elaborada pelas próprias massas proletárias no curso do seu mo-

51

vimento" – acentuava Lenin – "o problema se apresenta somente assim: ideologia burguesa ou ideologia socialista." E, numa nota no pé de página, ainda esclareceu:

> Isto não significa que os operários não participem nesta elaboração. Mas não participam como operários, senão na qualidade de teóricos do socialismo, como Proudhon e os Weitling; em outros termos, participam no momento e na medida que conseguem, em maior ou menor grau, dominar a ciência do seu século e fazer avançar esta ciência.

Lenin repeliu qualquer tipo de adulação obreirista, qualquer demagogia e, por isto, julgava necessário "preocupar-se o máximo possível para elevar o nível da consciência dos operários em geral", a fim de que eles consigam com maior frequência dominar a ciência do seu século. Não se tratava de rebaixar a ciência e a literatura ao nível da classe operária. "É necessário que os trabalhadores não se encerrem no limite artificialmente estreito da literatura para operários, senão que aprendam a assimilar mais e mais a literatura em geral."

A consciência política, porém, não é algo abstrato. Ela se encarna e se materializa, no partido, na organização de combate. A ele cabe atuar, como fator consciente, na luta pelo socialismo. O capitalismo, é certo, decompõe-se, cria, no seu desenvolvimento, as condições materiais para a revolução e para o socialismo. Não se pode, entretanto, confundir o fatalismo com o materialismo histórico. O materialismo histórico é determinista, dialético, isto é, pressupõe o papel do indivíduo, a influência da vontade, o fator consciente. O homem faz a história, disse Marx, embora dentro das condições que a história lhe apresente. O capitalismo traz no seu ventre os fatores da revolução, mas dependerá da ação consciente e organizada das massas, através de suas direções, o advento do socialismo.

LENIN: VIDA E OBRA

Quanto mais poderoso é o impulso espontâneo das massas, quanto mais amplo se torna o movimento – ponderou Lenin – "tanto mais rapidamente aumentará a necessidade de uma elevada consciência, já no trabalho teórico da social-democracia, já no terreno político e de organização".

O estabelecimento dessa premissa – o valor da teoria e do elemento consciente – se torna indispensável para a compreensão do papel do partido, a organização de combate, no trabalho da revolução. O partido não cria a revolução, que resulta do choque das forças produtivas com as relações de propriedade, do desenvolvimento objetivo do capitalismo. Ele poderá acelerá-la, exacerbando as contradições sociais, e promover a insurreição, a tomada do poder político, ato consciente da vontade organizada de uma classe.

A superação do primitivismo, do trabalho artesanal, disperso, sem conexão, a que se dedicavam os grupos locais, exigia a criação de um partido centralizado, imprimindo à própria luta econômica um caráter político.

Respondeu Lenin a Alexandr Martynov, menchevique, teórico do *Rabochéie Dielo*:

> Na realidade, pode-se elevar a atividade da massa operária unicamente com a condição de que não nos circunscrevamos à agitação política no terreno econômico. E uma das condições essenciais para essa extensão indispensável da agitação política é organizar denúncias políticas que abranjam todos os terrenos. A consciência política e a atividade revolucionária das massas não podem educar-se senão à base dessas denúncias.

Lenin atribuiu capital importância à campanha de denúncias políticas, de todos os casos de arbitrariedade e opressão, de violências e abusos, quaisquer que sejam as classes atingidas, para a formação da consciência de classe do proletariado. Os operários precisam aprender, à base de fatos e acontecimentos políticos concretos, e, mais ainda, da atualidade, a observar cada uma das outras classes sociais, em todas as manifestações da vida intelectual, moral e política. O conhecimento de si mesma, pela classe operária, está inseparavelmente ligado à completa nitidez não só nos conceitos teóricos... ou melhor: não tanto dos conceitos teóricos, como dos elaborados sobre a base da experiência da vida política, das relações entre todas as classes da sociedade atual.

A redação da *Iskra*, no caso a direção do partido, requeria, por conseguinte, uma rede de correspondentes espalhada por todo o país, para proporcionar-lhe

> unicamente quadros vivos, assim como denúncias, formuladas sobre pegadas frescas, de tudo quanto aconteça num momento determinado em volta de nós, de tudo o que se fala ou se cochicha, do que se traduz em tais ou quais acontecimentos, cifras, sentenças judiciais etc.

Não só, porém, a *Iskra* se valeria desse material. Os quadros do partido, os agitadores, deveriam explorá-lo, de viva voz, para educar a atividade revolucionária das massas. "A consciência política de classe não se pode levar ao operário senão do exterior, isto é, de fora da luta econômica, de fora da esfera das relações entre operários e patrões" – insistia. Para dar aos operários conhecimentos políticos, os social-democratas deviam ir a todas as classes da população, deviam enviar a toda parte destacamentos de seu Exército, como teóricos, como propagandistas, como agitadores e como organizadores, e assinalar os objetivos democráticos gerais diante de todo o povo, sem dissimular no mínimo que fosse suas convicções socialistas. Embora se tratasse, na Rússia de então, da luta contra a autocracia e o feudalismo, Lenin não admitia qualquer concessão de princípios, uma vez que implicaria, conforme julgava, traição e oportunismo.

Os social-democratas deveriam organizar e assumir a direção de uma ampla luta política, mobilizando todos os descontentes "para a ideia de que é todo o regime político que é mau" e transformando os militantes práticos "em chefes políticos que saibam dirigir todas as manifestações [...] que saibam, no momento necessário, ditar um programa positivo de ação" a todos os setores que lutam, estudantes, funcionários, operários, "membros indignados das seitas" e "mestres lesados em seus interesses etc., etc.".

Lenin repetiu que a denúncia dos abusos políticos é por si mesma um dos meios mais potentes para desagregar o regime adverso, afastar do inimigo seus aliados fortuitos ou temporais, semear a hostilidade e a desconfiança entre os que participam, continuamente, do poder autocrático. E só o partido que organize a sério campanhas de denúncias, que realmente interessam a todo o povo, poderia converter-se em vanguarda das forças revolucionárias. Mas, "para chegar a ser uma força política aos olhos do povo, não basta colocar a etiqueta de vanguarda sobre uma teoria e uma prática de retaguarda. É preciso trabalhar muito e com insistência para desenvolver nossa consciência, nossa iniciativa e nossa energia".

A teoria do partido

Nadezhda Krupskaya, em suas memórias, aludiu à visita que Lenin fez, na cidade de Ufa, a uma velha militante da *Narodnaia Volia*. "Ilytch foi vê-la no dia de sua chegada e, quando nela se falava, em sua voz e em seu rosto notava-se uma doçura especial. Quando mais tarde li o que Vladimir escreveu em *Que fazer?* recordei-me dessa visita."

A própria Krupskaya citou a passagem que lhe havia evocado aquela visita:

> Muitos deles (dos jovens dirigentes do movimento operário, os social-democratas) – escreveu Ilytch – começaram a pensar revolucionariamente como *narodovoltsi*. Quase todos rendiam em sua mocidade um culto entusiasta aos heróis do terror. E muito lhes custou renunciar à impressão sedutora dessa tradição heroica. Chegou-se à ruptura com pessoas que de qualquer modo queriam continuar fiéis à *Narodnaia Volia*, pessoas às quais os jovens social-democratas tanto respeitavam.

Krupskaya considerou "esse parágrafo [...] um pedaço da biografia da Vladmir Ilytch".

Lenin, realmente, sempre admirou a combatividade e a organização da *Narodnaia Volia*. Nunca deixou de olhar com respeito e veneração aqueles revolucionários que, usando métodos errados, tombaram na luta contra a autocracia. Seu irmão, Aleksandr

Ulianov, fora um deles. Lenin condenava o terror individual "unicamente por motivos de conveniência". Assim, quando formulou a sua teoria de partido e os economistas o acusaram de *Narodnichestvo* (народничество), o populismo, ele replicou em *Que fazer?*: "Seu erro (dos *Narodovoltsi*) consistiu em apoiar-se numa teoria que, na realidade, não era uma teoria revolucionária e em não ter sabido, ou não ter podido, estabelecer um vínculo firme entre seu movimento e a luta de classes que se desenvolvia na sociedade capitalista em progresso." E, mais adiante, acrescentou: "Seria [...] extrema candidez temer que nos acusassem, a nós, social-democratas, de querer criar uma organização conspirativa. Todo inimigo do economismo deve orgulhar-se dessa acusação, como da acusação de *Narodnichestvo*."

O que Lenin propunha era a criação de um partido centralizado, que superasse os métodos primitivos de trabalho, como classificava aqueles empregados pelas organizações isoladas e locais, de sorte a dar estabilidade ao movimento e preservá-lo da possibilidade de ataques irrefletidos, porque muitos revolucionários insatisfeitos com o trabalho dos economistas começavam a tender para o terror excitante. O voluntarismo (a ideia de que se podia promover a insurreição independentemente das condições históricas, objetivas, pela vontade individual), aparecia como consequência do espontaneísmo (a tendência que espera o advento do socialismo através da ação espontânea da história). Já existiam social-democratas que retrocediam ante ambos os extremos, observou Lenin, pois a luta econômica contra os patrões e o governo não satisfará nunca a um revolucionário e surgirá sempre, aqui e ali, o extremo oposto. Entendia, por isto, que só uma organização combativa, centralizada, que aplique, firmemente, a política social-democrata e que satisfaça, por assim dizer, todos os instintos e aspirações revolucionários, pode preservar o movimento de um ataque irrefletido e preparar uma ofensiva que prometa êxito.

Sua ideia consistia em criar – e esta era a mais urgente tarefa prática – uma organização de revolucionários capaz de dar à luta política energia, firmeza e continuidade. Repelia todas as tentativas para rebaixar as tarefas políticas e de organização ao nível dos interesses imediatos, tangíveis, concretos, ou seja, à luta pelas reivindicações econômicas e pelas reformas, perdendo a perspectiva da revolução. Entendia que, nas condições da Rússia, não podia haver movimento revolucionário sólido sem uma organização clandestina de dirigentes estáveis, entregues profissionalmente às atividades revolucionárias, a fim de dificultar a infiltração e a repressão policial.

A luta contra a autocracia, contra a polícia política e social, requeria pessoas que tivessem como profissão a atividade revolucionária. Os operários, os homens médios da massa, podiam dar provas de uma abnegação gigantesca, numa greve, numa batalha contra a polícia e as tropas na rua, podiam (e eram os únicos que podiam) decidir o resultado do movimento, porém, o que constituía precisamente luta contra a polícia social exigia qualidades especiais, exigia que fosse revolucionário profissional. A *Narodnaia Volia* errara em não ligar a sua atividade ao movimento de massas, à luta de classes, às greves e aos combates de rua, o que a sua doutrina não compreendia. Mas, se os operários, os homens médios da massa, eram os únicos que podiam decidir o resultado do movimento contra o regime, a continuidade de sua luta e de suas manifestações dependeria de uma organização clandestina, onde a polícia social dificilmente pudesse penetrar e, por isto mesmo, composta de homens dedicados, exclusivamente, à atividade revolucionária. Não poderia haver lugar para amadores. O trabalho do partido, cotidiano, requeria militantes e não diletantes. Exigia que o social-democrata (ou comunista) lhe dedicasse todo o seu tempo e não apenas seus momentos de folga, enfim, que tivesse a atividade revolucionária como profissão. Em suma, o que

Lenin pretendeu e realizou foi conciliar a concepção *narodiniki* de luta, formulada por Sergey G. Nechayev, com a doutrina de Marx e Engels adaptada às condições específicas da Rússia, ainda predominantemente camponesa e sob a tirania do czar Nicholas II. E não se podia, por outro lado, confundir o partido com as organizações da massa.

No entender de Lenin, "a organização de um partido social- -democrata revolucionário há de ter, inevitavelmente, um caráter distinto da organização dos operários para a luta econômica". Uma seria a organização de massas, sindical, clandestina, na Rússia de então. A outra seria o partido político, a organização dos revo- lucionários (marxistas), em que "deve desaparecer toda distinção entre operários e intelectuais", não muito extensa e, igualmente, clandestina, para assegurar a estabilidade do movimento em seu conjunto, realizar, ao mesmo tempo, os objetivos políticos (social- -democratas) e os objetivos puramente *tradeunionista*, as reivindi- cações econômicas. Uma organização mais ampla, sob o pretexto de torná-la mais acessível às massas, colocaria os revolucionários, na realidade, ao alcance da repressão.

Lenin partia da experiência não só da *Narodnaia Volia* como da própria estrutura do Partido Social-Democrata da Alemanha. Disse:

> Os alemães estão bem desenvolvidos, politicamente, têm bastante experiência para compreender que, sem uma dezena de chefes de talento (os talentos não surgem por centenas), de chefes provados, instruídos por uma larga prática, que estejam bem de acordo entre si e conheçam perfeitamente seu respectivo papel, nenhuma classe pode lutar firmemente na sociedade contemporânea.

Quando falou de homens inteligentes, respondendo na mesma linguagem que os economistas usaram para atacar sua concepção de partido, Lenin referiu-se aos "revolucionários profissionais, mesmo que sejam estudantes ou operários que se formem como tais revolucionários profissionais".

As teses de Lenin podem resumir-se nos seguintes pontos: 1) não pode haver movimento revolucionário sólido sem uma organização estável de dirigentes e que assegure a sua continuidade; 2) quanto mais extensa for a massa que se sinta arrastada, espontaneamente, à luta, massa que constitui a base do movimento e que dele participa, mais premente se torna a necessidade de semelhante organização e mais sólida precisa ser; 3) só homens que se entreguem, profissionalmente, à atividade revolucionária deverão integrar a organização; 4) quanto mais restrito (é claro que na Rússia autocrática ou sob outro qualquer regime de opressão e violência) o número dos membros de uma organização desse tipo, mais difícil será a perseguição policial; 5) e tanto maior será o contingente de operários e de elementos de todas as outras classes que poderão participar e colaborar com o movimento.

A concentração de todas as funções clandestinas em mãos do menor número possível de revolucionários profissionais, longe de debilitar, reforçará a ação de massas, das organizações mais amplas a menos regulamentadas e menos clandestinas como os sindicatos, os círculos de leitura etc. O movimento de massas poderá, assim, fornecer os quadros para a organização clandestina, o partido político, sendo "nosso dever ajudar a todo operário que se distinga por sua capacidade de converter-se num agitador profissional, num propagandista, num distribuidor".

> E, quando tivermos destacamentos de operários revolucionários, especialmente preparados (bem entendido que em todas as armas da ação revolucionária) por uma larga aprendizagem, nenhuma polícia social do mundo poderá vencê-los, porque esses destacamentos de homens, consagrados de corpo e alma à revolução, gozarão, igualmente, de uma confiança ilimitada por parte das grandes massas.

Lenin postulava, como único princípio sério de organização, "a mais severa discrição conspirativa, a mais rigorosa seleção de filiados e a preparação de revolucionários profissionais". E atribuía especial importância à "plena e fraternal confiança mútua entre os revolucionários", enfeando a democracia no conceito de camaradagem.

Ao jornal clandestino, destinado a toda a Rússia, caberia a tarefa de unificar os grupos locais, superando os métodos primitivos de trabalhos, o artesanato político, enfim, caberia o papel de agitador e organizador coletivos. A rede de correspondentes manteria o fluxo contínuo de informações, das denúncias políticas, e o jornal asseguraria a sua difusão, furando a censura do Império. Os periódicos locais – entendia – "são, na maioria dos casos, instáveis em princípio, carecem de significação política e, quanto ao consumo de energias revolucionárias, resultam bastante dispendiosos, como totalmente insatisfatórios, do ponto de vista técnico", isto é, do ponto de vista da frequência e da regularidade de sua publicação. A criação de um jornal para toda a Rússia corresponderia, portanto, à formação de um partido que atingisse todos os recantos do Império.

A sua difusão estabeleceria um vínculo efetivo entre os diversos grupos locais, unificando-os a partir da mesma tarefa. "Este periódico seria uma partícula de enorme fole de forja, que atiça cada chispa da luta de classes e da indignação do povo, convertendo-a num grande incêndio."

A fundação da *Iskra,* a que os velhos social-democratas como Plekhanov, Vera Zassulitch e Pavel Axelrod emprestavam menos importância que a revista teórica *Aurora*, constituía o primeiro passo para a consecução do plano de Lenin:

> A organização que se forme por si mesma em torno desse jornal, a organização de seus colaboradores (na acepção mais ampla do termo, isto é, de todos os que trabalhem por ele) estará precisamente disposta a tudo, desde a salvar a honra, o prestígio e

a continuidade do partido, nos momentos de maior depressão revolucionária, até preparar, fixar e levar à prática a insurreição armada de todo o povo.

Lenin resgatou a teoria do partido, como instrumento da revolução social, esboçada em *Der Revolutionskateschismus* (O catecismo da Revolução), do populismo russo (*narodniki*), de Sergey G. Nechayev, segundo a qual todos deviam viver, sem qualquer relação social e familiar, devotados, exclusivamente, à causa revolucionária, dispostos a sacrificar sua existência, sem sentimentos ou afeições, absorvidos por um só interesse exclusivo, um só pensamento, uma só paixão: a revolução.

Mencheviques e bolcheviques

Quando Lenin escreveu *Que fazer?* não havia divergências profundas entre ele e os demais componentes da redação da *Iskra*. É verdade que Lenin conseguira fixar a sua sede em Münich, para evitar a influência direta de Plekhanov. Mas pesaram, sobretudo, as razões de segurança. Para Genebra, centro da emigração russa e onde morava Plekhanov, voltava-se toda a vigilância policial e isto arriscaria o sistema de transporte do jornal, de comunicações e os contatos com os emissários que chegavam ou partiam para o interior do Império.

Todos, então, se empenhavam na organização do partido. Os exemplares da *Iskra* seguiam para a Rússia em maletas de fundo falso e os grupos locais endereçavam as correspondências para a Alemanha, no nome do Dr. Lehmann, que se encarregava de distribuí-las aos seus verdadeiros destinatários. Havia representantes da *Iskra* em Berlim, Paris, Genebra, Bruxelas e Londres, que procuravam elementos dispostos a transportar as maletas, arranjar dinheiro e endereços. Um dos mais ativos correspondentes da *Iskra*, no interior da Rússia, era o operário Babuschikin, fuzilado depois da revolução de 1905 pela polícia do czar.

Os social-democratas realizavam toda sorte de peripécias para manter as comunicações com o interior da Rússia e garantir a distribuição do jornal. Remetiam os exemplares ora por Vilna, ora por Estocolmo, ora por Varda, como pequenos barris, que continham cerveja (literatura ilegal). Também se jogava a correspondência ao mar, envolvida em papel impermeável, para que os militantes pescassem. Muitas vezes a remessa seguia o roteiro de Alexandria (Egito), Pérsia e Kamenet-Podolski, de Lvov. "Não chegava ao destino nem uma décima parte dessas encomendas, mandadas à custa de tanto dinheiro, trabalho e risco" – assinalaria Krupskaya nas suas memórias.

Os responsáveis pela *Iskra* viviam pobremente. Plekhanov, até que a sua mulher se notabilizou na profissão de médica, tinha como trabalho copiar endereços, para obter algum recurso. Axelrod fabricava e vendia um tipo de *yougohourt*, o *Kefir*. E Lenin fazia traduções, escrevia artigos e recebia pequena ajuda de sua mãe. Só depois o partido conseguiu fazer alguma finança, para sustentar seus militantes, através das contribuições de burgueses liberais e *expropriações,* assaltos realizados com fins revolucionários. Os profissionais da organização ganhavam cerca de cinco ou dez rublos a vinte ou cinquenta por mês. Mas todos os que obtinham dinheiro às suas custas ou donativos da família nada recebiam e, pelo contrário, destinavam ao partido um pouco de suas economias. Era esse o espírito daqueles apóstolos da revolução.

As divergências entre os integrantes da *Iskra* explodiram no segundo congresso do POSDR, na verdade o congresso de constituição, que se instalou a 30 de julho de 1903 em Genebra e, depois, se transferiu para Londres. Até então, apesar das discrepâncias, principalmente com Plekhanov, devido ao seu temperamento, ninguém poderia prever que o chamado congresso de unificação produzisse uma fratura tão séria, separando aqueles que mais trabalharam pela sua realização: a redação da *Iskra*.

Houve os conflitos com o *bund* judaico, que pretendeu manter-se independentemente, como numa espécie de federação, com os economistas do *Robochéie Diele,* Martynov e Akymov, mas, até então, os integrantes da *Iskra* se conservaram unidos, inclusive para a aprovação do programa do POSDR.

A cisão começou com os debates sobre o estatuto, logo no primeiro artigo, aquele que define o conceito de militante. Lenin propôs uma definição que refletia toda a doutrina de *Que fazer?*. "Considera-se membro do partido todo aquele que aceita seu programa e apoia o partido tanto materialmente como por meio da participação pessoal em uma de suas organizações."

A reação não tardou a desencadear-se. Martov opôs-se a Lenin e apresentou outra fórmula: "Considera-se membro do partido todo aquele que aceita seu programa, paga suas cotizações e coopera regularmente no trabalho do partido, sob a direção de uma de suas organizações."

Todos os desacordos até então existentes afloraram. Os ataques, estimulados pela posição de Martov, partiram de todos os lados. Axelrod, Potresov e Vera Zassulitch voltaram-se contra. Somente Plekhanov se colocou ao seu lado.

As fórmulas de Lenin e Martov, aparentemente, não se contradiziam, mas, no fundo, exprimiam profunda diferença de concepção política. Um desejava o partido restrito aos revolucionários profissionais, uma espécie de Exército que pudesse lutar e defender-se da polícia, preparando a insurreição. O outro queria o partido aberto a todos os trabalhadores e intelectuais, que aceitassem o seu programa. É verdade que Trotsky estava e estaria, politicamente, muito mais perto de Lenin que de Martov enquanto Plekhanov, que o apoiou, tomaria a direção dos mencheviques e dele para sempre se afastaria. Mas, de modo geral, aquela concepção de partido, na Rússia, separava os revolucionários e refletia divergências mais profundas quanto à estratégia da revolução.

Trotsky, que recentemente chegara da Rússia e cuja integração no Comitê da *Iskra* Lenin propusera, também se opôs à teoria de partido, que Lenin tratava de aplicar ao POSDR. Investiu, violentamente, a acusar Lenin de pretender à ditadura no partido, e previu que "a organização do partido toma o lugar do partido;

o Comitê Central toma o lugar da organização; e finalmente o ditador toma o lugar do Comitê Central".

O mesmo o fizeram Zassulitch, Axelrod e Potresov. A cisão definitiva ocorreu, porém, quando Lenin conseguiu aprovar o novo esquema de organização, após o rompimento do *bund* e dos partidários do *Rabochéie Dielo*. O seu grupo, que estava em minoria de cinco ou seis votos, converteu-se em maioria de dois votos. Dos quarenta e três delegados com direito a voto, vinte abstiveram-se. E ele ganhou a partida.

Daí a denominação que se tornou histórica: *bolcheviki* e *mencheviki*, ou seja, majoritários e minoritários.

O congresso elegeu para o comitê de redação Plekhanov, Lenin e Martov, excluindo Axelrod, Zassulitch e Potresov. Não por motivo de divergências políticas e sim para dar maior eficiência à equipe. Axelrod, Zassulitch e Potresov pouco funcionavam. Lenin, por isso, propôs, anteriormente, a ampliação do comitê de seis para sete membros (com a inclusão de Trotsky) e, como Plekhanov não aceitou, preferiu sugerir a sua redução para três membros, aqueles que de fato representavam a alma e o corpo da *Iskra*. Venceu Martov, que, entretanto, não aceitou o cargo.

Consumou-se a ruptura. Os mencheviques boicotaram a *Iskra* como puderam. Formaram um comitê central fantasma, integrado por Axelrod, Martov, Trotsky, Potresov e Fyodor Ilyich Dan (1871-1947), para dirigir a fração. Simpatizantes e colaboradores do movimento, que contribuíam com dinheiro, casas etc., negaram-se a prestar qualquer auxílio, sob a sua influência, à direção de Lenin. Todos se recusavam a cumprir as decisões do congresso. E Plekhanov, eleito presidente do Conselho do POSDR, começou a vacilar, diante da pressão de seus antigos camaradas, e resolveu convocá-los novamente para a redação da *Iskra*.

Lenin ficou isolado. Renunciou.

Um passo adiante

No interior da Rússia as bases do partido não compreendiam o porquê de tanto barulho. Prevaleceu entre os militantes – e isto durante vários anos – o espírito de conciliação e de unidade. Não havia, na prática, diferenças relevantes entre bolcheviques e mencheviques. Eram todos social-democratas, marxistas, e continuavam no mesmo partido. Só o tempo revelaria o significado real daquelas contendas. A fenda aprofundou-se. Transformou-se num abismo.

Martov, embora divergindo dos bolcheviques, sempre se manteve como um digno revolucionário, segundo a expressão de Krupskaya, nos momentos decisivos: diante da guerra de 1914, quando ficou ao lado dos internacionalistas, nas jornadas de julho de 1917, e depois da insurreição de Outubro, ainda que a ela se opusesse, defendendo o Poder Soviético contra as tentativas da contrarrevolução e as investidas militares do imperialismo. Trotsky, por sua vez, alinhou-se a Lenin, e tornou-se o seu braço direito na revolução.

Mas o fato é que o liberalismo organizatório dos mencheviques refletia toda uma concepção política, uma tendência para a concessão de princípios ou, como Lenin dizia, para o oportunismo. Marchariam, mais e mais, para a direita. Quase todos, em 1914, aderiram à defesa da pátria, abandonaram o internacionalismo proletário e, como Axelrod, Dan, Potresov e Plekhanov, apoiaram o governo de Kerensky contra o Poder Soviético. Muitos, durante a guerra civil, lutaram ao lado dos brancos e das tropas da Entente.

Lenin lamentou o rompimento com Plekhanov e, mais ainda, com Martov, a quem estimava como a um irmão. "Era-lhe extremamente doloroso romper com Martov", contaria mais tarde Krupskaya, nas suas memórias, revelando: "... Cada vez que Martov retificava a sua posição, o mínimo que fosse, despertava em Ilytch a velha amizade". E, até às vésperas da morte, recordava, carinhosamente, o nome do antigo camarada.

– Parece-me que Martov também está morrendo – disse, com tristeza, a Krupskaya.

Os ataques, depois do congresso, não cessaram. Martov escreveu um folheto *Em estado de sítio*, e Trotsky, com diatribes ainda mais duras, o *Memórias da delegação siberiana* e *Nossas tarefas políticas*. Os social-democratas da Alemanha também se manifestaram e, curiosamente, as críticas vieram da esquerda, principalmente de Rosa Luxemburg. A direita, ali, é que defendia o centralismo.

A *Iskra*, a partir do número 53, desencadeou a campanha contra ele. Os mencheviques assumiram o controle da redação e Lenin, para resistir às investidas, teve que recorrer a diversos métodos de luta. Conversava com um por um dos militantes que lhe procuravam. Fazia conferências. Escrevia cartas, folhetos. Não parava um minuto e se lançou na elaboração de *Um passo adiante, dois atrás*, obra detalhada, minuciosa, em que analisa todos os debates do congresso, entre mencheviques e bolcheviques. Justificava a sua teoria de partido, a sua fórmula para o artigo 1 do estatuto do POSDR, aquele que define a condição do militante. *O centralismo contra a autonomia* como princípio de organização, eis a tese central do seu libelo. De um lado, os revolucionários. Do outro, os reformistas. Os reformistas, Julius Martov (1873-1923) e seus companheiros da fração menchevique, desejavam partir de baixo para cima, a defenderem, até onde e quando fosse possível, a autonomia e a democracia. Porém, no Império Russo, o princípio de organização da social-democracia revolucionária tinha que partir "de cima para baixo, defendendo a extensão dos direitos e dos plenos poderes do corpo central contra as partes". Segundo Lenin, o partido precisava dominar a anarquia, a dispersão, superar os métodos primitivos de trabalho, para enfrentar com eficiência a repressão policial, a máquina do Estado.

Isto, para Lenin, não significava o fim da democracia interna, o estrangulamento da liberdade de cada militante, a supressão das divergências. Ele, aliás, sempre se rodeou de homens que sustentavam sua própria opinião e dele frequentemente discrepavam. Yosif Stalin (1878-1953), Lew Kamenev (1883-1936), Grigoriy Zinoviev (1883-1936), Trotsky, Nikolay Bukharin (1888-1938), Aleksandr Bogdanov (1873-1928), Anatoli Lunatcharsky (1875-1933), Máximo Gorky (1868-1936), todos, sem exceção, muitas vezes opuseram-se e combateram, tenazmente, seus pontos de vista, mesmo quando caminhavam lado a lado. Lenin, neste particular, não conhecia a intolerância. Não misturava as questões pessoais com os problemas políticos. E estava sempre disposto a estender a mão e a reconciliar-se com quem antes divergira.

Lenin procurava persuadir, ganhar pela argumentação, sem jamais apelar para os métodos administrativos. Não cerceava os debates nem impunha a sua vontade pela força do cargo que, eventualmente, exercesse. Enquanto ele viveu, mesmo nos períodos mais duros e difíceis por que passou o Poder Soviético, jamais deixou de funcionar a democracia interna do partido bolchevique. Porém, uma vez configurada a cisão, tornou-se necessário definir as posições, delimitar os campos, dissipar as dúvidas. "Quando se fala de luta contra o oportunismo, não se pode esquecer o traço característico de todo o oportunismo contemporâneo, em todos os terrenos" – frisou Lenin em *Um passo adiante, dois atrás*.

O oportunista, por sua própria natureza, esquiva-se sempre de focalizar os problemas de modo preciso e definido, busca a resultante, arrasta-se como cobra entre os pontos de vista que se excluem mutuamente, esforçando-se para *estar de acordo* com um e com outro, reduzindo suas discrepâncias a pequenas emendas, a dúvidas, a bons desejos inocentes etc. etc.

Lenin sabia que uma crise não se aconchava. Vence-se. Uma parte tem que esmagar a outra, suprimi-la. Não poderia haver conciliação. "A velha *Iskra* ensinava as verdades da luta revolucionária", era "o órgão da ortodoxia militante", conhecia os seus objetivos, "suas palavras não se afastavam dos fatos" e "granjeou a honrosa inimizade dos oportunistas da Rússia e do ocidente da Europa".

"A nova *Iskra* prega a sabedoria filisteia", a transigência, "o oportunismo, sobretudo nas questões de organização", tornou-se "mais prudente" e adotou, "independentemente da vontade e consciência de tal ou qual pessoa, a hipocrisia política".

Como resultado do trabalho da velha *Iskra*,

> pela primeira vez, conseguimos livrar-nos das tradições de indisciplina de círculo e de filisteísmo revolucionário, reunir dezenas de grupos mais diversos, muitas vezes terrivelmente hostis – unidos exclusivamente pela força da ideia e dispostos (em princípio) a sacrificar todo particularismo e independência de grupo em favor do grande todo que, pela primeira vez, criávamos: o Partido.

A velha *Iskra* representava, portanto, um passo adiante. A nova *Iskra*, depois do congresso e da cisão dos mencheviques, dois passos atrás.

Um passo adiante, dois atrás... É algo que sucede na vida dos indivíduos, na história das nações e no desenvolvimento dos partidos. E seria a mais criminosa das covardias duvidar, ainda que por um momento, do inevitável e completo triunfo dos princípios da social-democracia revolucionária, da organização proletária e da disciplina do partido. Já conseguimos muito e devemos continuar lutando, sem que nosso ânimo decaia ante os reveses, lutando consequentemente e trabalhando para que os trabalhadores conheçam "todo o funesto do oportunismo, que no terreno da organização, como no terreno do nosso programa e da nossa tática, capitula impotente ante a psicologia burguesa, adota sem qualquer crítica o ponto de vista da democracia burguesa e embota a arma de luta de classe do proletariado".

E a organização constitui a arma de que dispõe o proletariado na sua luta pelo poder:

O proletariado, desunido pelo império da concorrência dentro do mundo burguês, esmagado pelos trabalhos forçados a serviço do capital, lançado constantemente ao abismo da miséria mais completa, do embrutecimento, será invencível, sempre e quando a sua união ideológica, por meio dos princípios do marxismo, se afiance mediante a unidade material da organização, que funde milhões de trabalhadores no Exército da classe operária. Ante este Exército não prevalecerão nem o poder senil da autocracia russa nem o poder decrépito do capitalismo internacional.

Um passo adiante, dois atrás, que Lenin começou a escrever em janeiro de 1904, saiu em maio daquele ano. A investida dos mencheviques, que contavam com a vacilação dos elementos conciliadores, lograva, a essa época, pleno êxito. Lenin perdera o controle de todos os órgãos do partido: da redação, do Conselho e do Comitê Central. Dominava o espírito de pacificação. Não teve outro recurso senão afastar-se das posições que ocupava e reunir, em fins de julho de 1904, 22 delegados bolcheviques numa conferência, para convocar novo congresso do partido. E, para a luta, precisava de uma arma, aquela que poderia carregar com a munição de suas ideias.

Fundou um novo jornal – *Vperiod* (Avante) –, que começou a circular em dezembro de 1904.

Mais um passo adiante.

1905

Uma série de rebeliões camponesas varreu a Ucrânia, a Geórgia e a região do Volga, nos meados de 1902. Uma onda de greves políticas, em 1903, sacudiu toda a Rússia, propagando-se à Trans-caucásia. Os *narodniki* reagrupavam-se no Partido Socialista Revolucionário (SR). Os atentados recrudesceram. Uma bomba estraçalhou o ministro Vyacheslav von Plehve (1846-1904). E a Rússia, em 1904, entrou em guerra com o Japão.

O desenvolvimento do capitalismo abalava o invólucro da autocracia. Pedia passagem e equacionava a revolução. Os dados sobre o crescimento econômico da Rússia, na última década do século XIX, indicavam, claramente, a aproximação da tempestade. A produção de ferro bruto, de 1890 a 1899, aumentou, na Rússia, em 108%, contra 18% na Inglaterra, 50% nos Estados Unidos, 72% na Alemanha, 31% na França e 32% na Bélgica. No mesmo período, a produção de ferro e aço cresceu, na Rússia, em 11%, contra 80% na Inglaterra, 73% na Alemanha, 67% na França, 48% na Bélgica e 63% nos Estados Unidos. E a produção de carvão registrou também um índice elevado: 131% na Rússia, contra 22% na Inglaterra, 61% nos Estados Unidos, 52% na Alemanha e 26% na França.

A Rússia, naquele tempo, ocupava o segundo lugar na produção de tecidos de algodão, depois da Inglaterra. A concentração de operários por fábrica apresentava índices como praticamente não se encontrava em nenhum país do Ocidente. Enquanto, na

Alemanha, apenas 14% das indústrias abrigavam mais de 500 operários, essa percentagem, na Rússia, era de 34% ao início do século. E, da mesma forma, uma quarta parte do proletariado russo, ou seja, 24%, trabalhava em fábricas com mais de mil homens, contra apenas 8% na Alemanha.

A necessidade de expansão do capitalismo esbarrava com a estrutura feudal, estagnada, da autocracia. A revolução amadurecia. Tornava-se historicamente necessária. A fermentação era de tal ordem que o governo do czar Nicholas II Romanov (1868-1918) pensou em controlar e desviar o movimento operário, através da criação de sindicatos e partidos dirigidos pelos seus agentes, o chamado socialismo policial, que Sergey Vasilyevich Zubatov, informante da Okhrana, imaginou. O objetivo consistia em desviar os trabalhadores da social-democracia e do socialismo-revolucionário (como então já se chamava o movimento *narodniki*), bem como a evitar que a revolta se dirigisse contra o governo, mantendo-a nos limites da luta contra os patrões. Um padre da Igreja Ortodoxa Russa, Georgiy A. Gapon (1870-1906), assumiu a liderança do movimento em St. Petersburg.

A guerra com o Japão enfraqueceu a autocracia. A 22 de janeiro (9 de janeiro pelo antigo calendário russo) de 1905, pouco depois da tomada de Port-Arthur pelos japoneses, estourou a revolução, naquele dia que passou à história como o Domingo Sangrento. Milhares de operários, dirigidos pelo padre Gapon, convergiram para o Palácio do Inverno, em St. Petersburg, a fim de entregar uma petição ao czar Nicholas Romanov. Reivindicavam anistia, liberdades, universal e convocação de uma Assembleia Constituinte. A manifestação era pacífica. Os operários, na maioria, não se filiavam às correntes socialistas. Acreditavam nos ícones, que levavam nas mãos, e olhavam o czar como o "paizinho". Gapon escrevera a Nicholas Romanov, a rogar-lhe que aparecesse ao povo e garantisse que nada se tentaria contra a sua segurança.

Mas, repentinamente, as tropas surgiram. As metralhadoras, aninhadas no Palácio do Inverno, começaram a trepidar. Os corpos tombavam sobre as ruas. Os cossacos, espada em punho, carregavam contra a multidão, contra os operários que, ajoelhados, ainda clamavam para ver o czar. Mais de 1.000 mortos e de 2.000 mil feridos, eis o saldo, segundo as informações divulgadas pela própria polícia, ou entre 4.000 e 5.000 pereceram ou foram feridos, conforme outras versões. Cerca de 2.195 cadáveres jaziam em apenas 15 dos 46 hospitais de St. Petersburg. A Rússia de 130 milhões de habitantes convulsionou-se. A luta do proletariado acendeu a revolta entre os 50 milhões de camponeses e o rastilho conduziu o fogo aos quartéis e aos navios de guerra.

A greve de massas transformou-se no instrumento das batalhas. De Petersburg alastrou-se para outras regiões. Os operários de Koipin sublevaram. Dez mil, em Moscou, abandonaram o trabalho e anunciava-se a paralisação geral das atividades. Baku, Odessa, Kiev, Karkhov, Kovno, Reval, Saratov, uma depois da outra, os braços parados. Manifestações de ruas em Lodz, Varsóvia e Helsinfors. Os trabalhadores buscavam armas. Gritavam: liberdade ou morte. Tomavam revólveres e fabricavam bombas. Assaltavam os arsenais de Siestrorotsk e Sebastopol. Incendiavam-nos. Os armazéns ardiam. Os marinheiros aderiram ao movimento e recusaram-se a disparar contra o povo. Somente no mês de janeiro houve mais trabalhadores em greve (440.000) que em toda a década anterior (430.000).

Os camponeses, despertados pelo barulho que se levantava das cidades, reativaram suas ações. Atacaram as grandes fazendas. Queimaram os palácios da nobreza. Apropriaram-se do trigo e de outros víveres. Mataram policiais e ocuparam terras.

De mês a mês o movimento cresceu como bola de neve. As derrotas na guerra contra o Japão desnudaram a fraqueza da máquina militar da autocracia e adicionaram às lutas dos operários e camponeses mais um elemento de insatisfação. Engraveceu-se ainda mais a situação interna, aumentaram as privações e os sofrimentos. A agitação, que passou das cidades para os campos, contaminou os militares.

Um prato de comida estragada sublevou, a 14 de junho, os marinheiros do encouraçado *Potyomkin*, da frota do Mar Negro. A insurreição tomou conta do porto de Odessa. Era uma entre tantas que arrebentavam por todo o território do Império. Tornou-se, porém, a mais conhecida, uma página gloriosa das jornadas de 1905. O encouraçado *Potyomkin*, depois de derrotada a revolução e de tentativas para ocupar outros portos, como o de Feodosia, na Crimeia, não teve outra alternativa senão render-se às forças do czar.

Nicholas II lançou, em agosto, um manifesto, dispondo-se a convocar uma assembleia, a Duma, mas apenas com a finalidade consultiva. Não chegou a realizar o projeto. As greves ampliaram-se. Alastraram-se das fábricas para os meios de transporte e de comunicação. Trens, correio e telégrafos paralisaram. A revolução avolumou-se e de outubro a dezembro alcançou o seu apogeu. O proletariado exigia armas e 8 horas de trabalho. Os camponeses incendiaram mais de 2.000 casas de campo e convulsionaram mais de 1/3 de todos os distritos da Rússia. As minorias nacionais sentiram que chegava a hora e iniciaram movimentos de emancipação.

Trabalhadores de cinquenta tipografias, que se achavam em greve pela redução da jornada de trabalho e por melhores salários, elegeram delegados para a formação de um conselho. À ideia aderiram outras fábricas e, a 13 de outubro, os delegados do distrito do Neva instalaram o primeiro Soviet (ou conselho), que logo se tornaria o vetor da revolução.

Coube a Trotsky, o primeiro que retornou à Rússia e com apenas 25 anos, comandar o processo. Ele assumiu, efetivamente, a direção do Soviet de Petersburg. Os social-democratas emergiram para a legalidade. Publicaram três diários, cujas tiragens alcançavam... 50.000 e 100.000 exemplares. Bolcheviques, mencheviques e socialistas-revolucionários uniram-se e cooperaram na mesma tarefa: a de derrubar a autocracia.

Os líderes, que se encontravam no exílio, regressaram à Rússia até meados de novembro, com exceção de Plekhanov. O Soviet de Petersburg congregava 250.000 operários. Outros floresceram em Moscou, Sebastopol, Kiev, Samara, Rostov, Kharkov, Vladikavkaz e outras províncias. Estabeleceu-se, praticamente, a dualidade de poderes. A greve de massas iniciaria a insurreição.

Lenin falou perante o Soviet de Petersburg em 13 de novembro, depois de permanecer alguns dias na clandestinidade. Em 6 de dezembro, porém, precisou esconder-se. O governo recuperava o controle da situação. Restabeleceu a censura. Prendeu alguns líderes do Soviet de Petersburg. E fechou-o a 16 de dezembro, após cinquenta dias de existência.

Mais de 370.000 operários participaram, em dezembro, de greves puramente políticas. Cerca de 8.000 insurgiram-se, em Moscou, e, com armas nas mãos, resistiram durante nove dias às tropas do governo. A revolução, porém, começou a declinar. Sobreveio o refluxo do movimento de massas. Operários e camponeses, abatidos pela repressão, recorreram às guerrilhas.

Duas táticas da social-democracia

Quando o Japão derrotou a Rússia e retomou Port-Arthur, Lenin exultou. "A progressista e avançada Ásia assestou um golpe irreparável na atrasada e reacionária Europa" – escrevia no *Vperiod* de 14 de janeiro de 1905. Para ele, "a guerra de um país progressista contra um país atrasado desempenhou, nesta ocasião, como em tantas outras durante o passado, um papel revolucionário". Embora o proletariado "se oponha a toda burguesia e a toda expressão da ordem burguesa", não poderia deixar de "distinguir as representações historicamente progressistas da burguesia e dos reacionários".

Bolcheviques e mencheviques, como também os liberais, adotaram, àquele tempo, a posição do derrotismo revolucionário. A derrota na guerra poderia deflagrar a revolução social. E o povo ganharia. "A capitulação de Port-Arthur" – declarava na mesma edição de *Vperiod* – "é o prólogo da capitulação do czarismo. A guerra está longe de terminar, mas, na sua continuação, cada passo reforça a imensa efervescência e a imensa indignação do povo russo e nos aproxima do momento da guerra do proletariado pela liberdade." Dias depois – quando aquele número de *Vperiod* nem chegara ao interior da Rússia –, Lenin soube do Domingo Sangrento, aquele era o sinal *para a nova Grande Guerra, a guerra do povo contra o absolutismo*, que ele se dispunha a organizar.

Dias depois – quando ainda aquele número de *Vperiod* nem chegara ao interior da Rússia – Lenin soube do Domingo Sangrento, era o sinal para a *nova grande guerra, a guerra do povo contra o absolutismo.* Voltou-se para Marx e Engels, para os seus escritos militares, aos seus trabalhos sobre insurreição. Leu tudo o que pôde na Biblioteca de Genebra sobre o assunto e estudou a obra de Clausewitz, o famoso general prussiano.

A revolução de 1905, porém, não passaria de um *ensaio geral*, segundo a expressão de Lenin, para a revolução de 1917. Os acontecimentos, que marcaram aquele ano, dimensionariam, exatamente, o papel de cada classe, o seu peso político e social, indicando o comportamento que deveria adotar a vanguarda do proletariado. As concepções estratégicas, que fracionariam, definitivamente, o POSDR, e aí se desenvolveram e se consolidaram.

O III Congresso do POSDR reuniu-se em abril daquele ano. Teve Londres como sede e a ele só compareceram os delegados bolcheviques. Os mencheviques, ao mesmo tempo, realizaram uma conferência em Bruxelas.

O congresso haveria de ratificar a palavra de ordem que Lenin lançara, desde fevereiro, no artigo *Novos objetivos e novas tarefas; ditadura democrática do proletariado e do campesinato.* Esta palavra de ordem traduzia uma análise criadora da Revolução Russa, que se diferenciava da que faziam os mencheviques (com exceção de Trotsky) e a maioria dos social-democratas no Ocidente. Para compreendê-la, porém, é preciso fixar o centro vital da questão.

Marx e Engels previram a revolução proletária como consequência do pleno desenvolvimento do capitalismo. A Rússia, àquela época, era um país atrasado, que ainda não realizara a sua revolução agrária, mas onde havia formas bastante adiantadas de capitalismo. Assim, mencheviques e bolcheviques, todos estavam de acordo quanto ao caráter da revolução democrática: uma revolução burguesa pelo seu conteúdo econômico. As divergências começavam, no entanto, na formulação da estratégia e dos objetivos a alcançar.

Os mencheviques imaginavam que, estando a revolução ainda na sua etapa burguesa, uma república democrática, parlamentar e constitucional, substituiria o regime autocrático. Só depois de vencida essa etapa, com o pleno desenvolvimento do capitalismo, começaria a luta pelo socialismo. Procuravam evitar que a burguesia se assustasse diante da ameaça do proletariado, o que poderia empurrá-la para o campo da reação. Axelrod pontificava que, "enquanto persistir a ilegalidade política, não devemos mencionar a luta direta do proletariado pelo poder político, contra as outras classes". E considerava, como os demais mencheviques, que "as condições do objetivo histórico condenam o nosso proletariado a uma colaboração inevitável com a burguesia na luta contra o nosso inimigo comum".

Dividiam em etapas a revolução.

A análise de Lenin, em princípio, não se chocava com a dos mencheviques. A Revolução Russa, não havia dúvida, era essencialmente burguesa. Ao proletariado interessava o desenvolvimento do capitalismo. Mas, à colaboração com a burguesia liberal, ideia que os mencheviques alentavam, Lenin contrapunha a aliança do proletariado com os camponeses, que formam uma classe pequeno--burguesa, para o estabelecimento de uma ditadura democrática. Esta erradicaria da Rússia as sobrevivências feudais e abriria o caminho para o desenvolvimento do capitalismo. Exprimir-se-ia através de um governo revolucionário provisório, órgão emanado de uma insurreição popular.

Trotsky, que, em matéria de organização, se colocara ao lado dos mencheviques, aproximava-se, nesse particular, das concepções de Lenin, embora de modo muito mais radical. Negava, como Lenin, o caráter revolucionário da burguesia liberal e entendia que ao proletariado, apoiado pelos camponeses, caberia dirigir a revolução. Mas, ao contrário do ponto de vista bolchevique, julgava que, ao dirigir a revolução, o proletariado poderia implantar sua própria ditadura e, paralelamente à consecução das tarefas democrático-burguesas, iniciar a construção do socialismo. Evocava, para fundamentar seu ponto de vista, o caráter combinado da economia russa.

Trotsky sofreu a influência, na elaboração dessa teoria, de um social-democrata russo, radicado na Alemanha, Aleksandr L. Helfand, que usava o pseudônimo de Parvus. Mas a ideia e o termo – revolução permanente –, ele tirou dos próprios textos de Marx, da *Alocução da Liga dos Comunistas* e de *As lutas de classes na França,* e, como Lenin, também deu ênfase à necessidade da insurreição armada.

Essas teses mostrariam ainda mais suas implicações práticas no curso da revolução de 1917, de fevereiro a outubro, da derrubada do czar à ascensão dos bolcheviques ao poder.

As duas táticas da social-democracia na revolução democrática, brochura que Lenin publicou em agosto de 1905, orientariam, até abril de 1917, depois da revolução de fevereiro, a conduta política dos bolcheviques. Lenin, nessa obra, não só fundamentou a resolução do III Congresso do POSDR, que se realizou em maio daquele ano, como criticou a posição dos mencheviques e, em algumas passagens, as concepções de Trotsky.

A imagem que fazia da ditadura democrática do proletariado e dos camponeses previa a formação de um governo revolucionário provisório e "uma luta encarniçada da burguesia e do proletariado pelo poder". Admitia a participação dos social-democratas nesse governo, mas dentro das seguintes condições: "O controle rigoroso do partido sobre seus mandatários e a salvaguarda inflexível da social-democracia, que, tendendo a uma completa revolução socialista, é, por esta mesma razão, irredutivelmente hostil a todos os partidos burgueses."

O governo revolucionário provisório deveria realizar "o programa mínimo de nosso partido, o programa das transformações econômicas e políticas mais imediatas, perfeitamente realizáveis, de um lado sobre a base de relações econômicas e sociais dadas e, de outro lado, necessárias à marcha do socialismo". E, aludindo à teoria de Trotsky, Lenin rechaçou as "absurdas sugestões semianarquizantes para aplicação imediata do nosso programa máximo e da conquista do poder pela revolução socialista". Não via a possibilidade de emancipação imediata e completa do proletariado devido às condições objetivas (nível do desenvolvimento econômico) e subjetivas (grau de consciência e de organização das massas) existentes na Rússia.

"Quem pretende chegar ao socialismo por outro caminho, fora da democracia política, chega infalivelmente a conclusões absurdas e reacionárias tanto no sentido econômico como no sentido político." Lenin explicou, em *As duas táticas*, que as massas não sabiam "senão muito pouco a respeito das finalidades do socialismo e dos meios de realizá-lo". E a participação dos social-democratas no governo revolucionário provisório permitiria o aprofundamento da revolução, numa luta implacável contra as tentativas contrarrevolucionárias e na defesa dos interesses próprios da classe operária. O proletariado, armado e dirigido pela social-democracia, exerceria constante pressão sobre o Governo Provisório, porque, "nas horas revolucionárias, se chega de modo particularmente rápido à guerra civil". E acentuou: "As grandes questões da liberdade política e da luta de classes resolvem-se, no final das contas, só pela força, e devemos pensar em preparar e organizar esta força, devemos pensar em empregá-la não somente na defensiva mas também na ofensiva."

Lenin, em *As duas táticas*, considerou que, "em países como a Rússia, a classe operária sofre não tanto do capitalismo quanto da insuficiência do desenvolvimento do capitalismo". Por isto, "a revolução burguesa é, *num certo sentido, mais vantajosa* para o proletariado que para a burguesia". E esclareceu:

> A própria situação da burguesia, como classe, na sociedade capitalista, determina inevitavelmente sua falta de espírito de continuidade na revolução democrática. A própria situação do proletariado, como classe, obriga-o a ser democrata consequente.

A burguesia olha para trás, temendo o progresso democrático, que ameaça consolidar o proletariado. O proletariado nada tem a perder, a não ser as cadeias, e tem um mundo a conquistar com o auxílio do democratismo.

O proletariado, por conseguinte, não poderia aliar-se à burguesia, "que se voltaria inevitavelmente para a contrarrevolução, contra o povo, desde que fossem satisfeitos seus interesses estreitamente egoístas". Mas a massa camponesa, que encerra, ao mesmo tempo, elementos semiproletários e elementos pequeno-burgueses, "tornar-se-á um baluarte da revolução e da república", não só por causa da reforma agrária, como pelos seus interesses gerais e permanentes. Com o seu apoio, o proletariado poderá "despedaçar pela força a resistência da autocracia e paralisar a inconstância da burguesia".

O passado da ditadura revolucionária do proletariado e dos camponeses era a autocracia, a servidão, a monarquia e o privilégio. Seu futuro, a luta contra a propriedade privada, a luta do assalariado contra o patrão, a luta pelo socialismo. Neste ponto, a unidade entre os camponeses e o proletariado romper-se-á, porque "jamais, em momento algum, o social-democrata deve esquecer a inevitável luta de classe do proletariado pelo socialismo contra a burguesia e a pequena burguesia democrática".

Para Lenin, a vitória completa da "revolução atual será o fim da revolução democrática e o começo de uma luta decisiva da revolução socialista". O triunfo das reivindicações dos camponeses, a derrota irremediável da reação e a conquista da república democrática marcariam o fim do revolucionarismo da burguesia e mesmo da pequena burguesia. Iniciar-se-ia a luta pelo socialismo. A palavra de ordem de ditadura democrática cederia lugar à palavra de ordem de ditadura do proletariado.

A social-democracia, naquele momento, estava, porém, diante de um dilema, de suas táticas: marchar com os camponeses ou com a burguesia liberal? Bolcheviques ou mencheviques?

Ações militares

Greves políticas de massas, combinadas com manifestações de rua. Combates de barricadas. Motins militares. Levantes camponeses e sublevações armadas. Todos os tipos de luta o povo russo utilizou no correr de 1905. Quando, porém, as grandes vagas da revolução perderam a intensidade e a força, a partir do esmagamento da insurreição de Moscou e do fechamento do Soviet de Petersburg, em dezembro daquele ano, indivíduos isolados e pequenos grupos recorreram à guerra de guerrilhas.

A repressão abateu-se sobre a Rússia. Tropas do Exército empregaram a artilharia contra vilas e cidades. Realizaram expedições punitivas. A Okhrana (polícia política) prendeu e assassinou os revolucionários. As centúrias negras, organização ultrarreacionária, desfecharam o terror. Realizaram *pogrom*, matança de judeus, operários e estudantes. O movimento de massas, em 1906, entrou no refluxo. As operações de guerrilha tornaram-se, pois, a única resposta possível à ofensiva da autocracia, a única forma de resistência e o único método capaz de manter o espírito de luta das massas.

Nem todos os grupos, que passaram à guerrilha, pertenciam a organizações revolucionárias. Alguns congregavam o *lumpemproletariat*, os vagabundos, a periferia social, e, como os anarquistas, viam naquele tipo de ação a principal, senão exclusiva, forma de luta. Outros, porém compunham-se de militantes social-democratas ou socialistas-revolucionários e suas operações visavam a dois objetivos: executar os encarregados da repressão, militares e policiais, e confiscar fundos e armas para a continuação da luta.

Ocorreram assim as expropriações, realizadas, em grande parte, pelos social-democratas da facção bolchevique, por Yosif Stalin e outros. Confiscaram, no Cáucaso, mais de 200.000 rublos e, em Moscou, 875.000. Muitos social-democratas, principalmente os mencheviques, começaram então a protestar a criticar aqueles atos, a qualificá-los de *blanquismo* (de Louis-Auguste Blanqui, 1805-1881, socialista francês que defendia a ação de minorias organizadas, das sociedades secretas), anarquismo, terrorismo etc. Acusavam os bolcheviques de desorganizar o trabalho partidário, o trabalho político, e desmoralizar as massas.

Lenin, que, desde o Domingo Sangrento, insistia na preparação da luta armada, na organização do Exército revolucionário, defendeu as operações de guerrilha. O marxismo, dizia, admite as mais diversas formas de luta, generalizando, organizando e tornando consciente aquelas que aparecem no processo da revolução. Não as inventa. Aprende com a prática das massas. O erro, portanto, não estava na deflagração das guerrilhas, mas no "caráter *inorganizado*, desordenado, sem partido", de que se revestiam, muitas vezes, as suas operações. O que desorganizava mais o movimento num período de estado de sítio e de *pogroms*? A falta de resistência ou a luta bem organizada dos guerrilheiros?, perguntou.

A guerra de guerrilhas, segundo observou, era uma forma inevitável de luta no momento em que o movimento de massas já chegava realmente à insurreição e em que se produzem intervalos mais ou menos consideráveis entre grandes batalhas da guerra civil. E acrescentava: "Não são as ações de guerrilhas que desorganizam o movimento, senão a debilidade do partido, que não sabe tomá-las em suas mãos." Elas resultam de determinadas condições históricas, da atmosfera de insurreição, de poderosos fatores econômicos e políticos. E assim, "incapazes de compreender as condições históricas que determinam essa luta, somos igualmente incapazes de suprimir os seus aspectos negativos".

Lenin referia-se àquelas ações que nasciam espontaneamente, da iniciativa das massas, sem qualquer vínculo partidário, como um fenômeno provocado por causas econômicas e políticas profundas. Condená-las, como faziam muitos social-democratas, não as evitaria. E, além do mais, o marxista se coloca no terreno da luta de classes e não da paz social. Nas épocas em que a luta de classes se aguça e se transforma em luta armada entre duas partes do povo, "o marxista está obrigado a colocar-se no terreno da guerra civil". Não pode fugir, por conseguinte, à análise das condições em que ela se trava, "por meio de lugares-comuns sobre o anarquismo, o blanquismo e o terrorismo". "Admitamos perfeitamente que, do ponto de vista da guerra civil, se possa demonstrar – e de fato se demonstra – a inconveniência de uma ou outras formas de guerra civil, neste ou naquele momento" – argumentou Lenin. E aduziu: "Admitimos plenamente a crítica das diversas formas de guerra civil do ponto de vista da conveniência militar e estamos incondicionalmente de acordo em que, nesta questão, o voto decisivo corresponde aos militantes ativos social-democratas de cada localidade."

As operações de guerrilha deveriam realizar-se sob o controle e a direção do partido. Era preciso organizá-las e coordená-las, dentro de sua estratégia:

A guerra de guerrilhas, dizem, aproxima o proletariado consciente dos vagabundos ébrios. É exato. Que porém se depreende disto? Unicamente que o partido do proletariado não pode considerar a guerra de guerrilhas como o único, nem sequer como o principal procedimento de luta; que este procedimento deve estar subordinado aos outros, deve estar em proporção com os procedimentos essenciais da luta, enobrecido pela influência civilizadora e organizadora do socialismo.

Lenin, em começos de março de 1906, escreveu um projeto de resolução, que apresentaria ao congresso do POSDR, sobre o problema da guerra de guerrilhas. O projeto considerava:

1) desde os tempos da insurreição de dezembro em quase toda a Rússia não cessaram as ações militares, que se expressam agora por parte do povo revolucionário sob a forma de ataques isolados de guerrilheiros contra o inimigo;

2) tais ações de guerrilhas, inevitáveis em virtude da existência de forças armadas e desencadeamento da repressão militar, temporariamente triunfante, servem ao mesmo tempo para a desorganização do adversário e preparam iminentes ações armadas e abertas das massas;

3) semelhantes ações são assim mesmo necessárias para a educação combativa e para a instrução militar de nossas equipes de combate, que durante a insurreição de dezembro demonstraram estar em numerosas localidades despreparadas, na prática, para a nova empresa.

A partir dessas considerações, recomendou:

1) o partido deve reconhecer as ações militares de guerrilheiros das equipes de combate que a ele pertencem ou que lhe são afectas, como admissíveis em princípio e convenientes no presente período;

2) as ações militares de guerrilheiros devem ser conformes, pelo seu caráter, com as tarefas de educar os quadros de dirigentes das massas proletárias, durante a insurreição, e estudar a experiência das ações militares ofensivas e súbitas;

LENIN: VIDA E OBRA

3) há que reconhecer como a principal tarefa imediata de tais ações a destruição dos aparelhos governamental, policial e militar, e a luta implacável contra as organizações ativas das centúrias negras que recorrem à violência e ao terror contra a população;

4) são permissíveis também as ações armadas para a captura de meios financeiros pertencentes ao adversário, isto é, ao governo autocrático, para destiná-los às necessidades das insurreições; além do mais, é necessário evitar ferir, tanto quanto possível, os interesses da população;

5) as ações militares de guerrilheiros devem realizar-se sob o controle do partido e, além do mais, de forma que as forças do proletariado não se desgastem em vão e que tenham em conta as condições do movimento operário de cada locali- dade e o estado de espírito das amplas massas.

O controle das operações pelo partido, as condições do movimento operário de cada localidade e o estado de espírito das amplas massas, estas premissas, para a luta de guerrilhas, Lenin estabeleceria a cada passo de seus artigos. As guerrilhas deveriam ligar-se ao processo geral da insurreição, formando e educando as equipes de combate. Nenhum marxista, por isso, poderia condenar, pura e simplesmente,

a guerra de guerrilhas, o terror geral das massas, que, quase sem in- terrupção, se estende por toda parte da Rússia. A social-democracia deve reconhecer e admitir, em sua tática, esse terror exercido pelas massas, naturalmente, organizando-o e controlando-o, subordinan- do-o aos interesses e às condições do movimento operário e da luta revolucionária em geral, evitando e amputando, implacavelmente, essa deformação apachesca da guerra de guerrilhas.

Lenin, mais do que qualquer outro marxista de sua época, possuía aquele sentido agudo da oportunidade. A palavra, conforme dizia, "é também uma forma de ação" e só os ignorantes não o compreendem. Salientou o fator revolucionário da propaganda, a imprensa, o seu papel na organização de um partido de combate. Mas sabia o exato momento em que a palavra deveria desdobrar-se num outro tipo de ação, em que o jornal deveria sustentar o fuzil e a insurreição da consciência transformar-se na consciência da insurreição.

Não se apegava a esquemas nem a fórmulas. E por isto passou a cada tipo de ação conforme as condições concretas, objetivas e o estado de espírito das massas. Nem o espontaneísmo, que abandona a revolução ao léu da sorte, como se o homem consciente e organizado nenhuma influência exercesse no seu processo, nem o voluntarismo, que não vê as condições reais e imagina que a história depende apenas da vontade desse ou daquele indivíduo, desse ou daquele grupo.

Lenin criticou o terror da *Narodnaia Volia* porque "era a vingança contra indivíduos isolados", era "o *complot* de grupos intelectuais", "não estava em absoluto ligado ao estado de ânimo das massas", "não preparava nenhum dirigente combativo", resultava – e era "também sintoma e acompanhamento – da falta de fé na insurreição, da falta de fé nas condições para a insurreição".

As guerrilhas, que a partir de 1905 se desencadearam, estavam, pelo contrário, "indubitavelmente ligadas ao estado de espírito das massas de maneira mais clara e direta". Não resultavam "da falta de fé na insurreição ou da impossibilidade da insurreição", senão que constituíam "parte integrante e necessária da insurreição". "Naturalmente" – ponderava – "em todas as coisas são sempre possíveis os erros, são possíveis as tentativas inoportunas de atuar antes do tempo, são possíveis as paixões insanas e os extremismos, que, indubitavelmente, são danosos e podem prejudicar a tática mais acertada."

Julgava Lenin que "todo extremo é mal" e "tudo o que é bom e útil, levado ao extremo, pode converter-se e inclusive, passado certo limite, obrigatoriamente se converte em mal e prejuízo". "O terror em limitada escala, desordenado, não preparado, não pode, levado ao extremo, senão fragmentar as forças e desgastá-las." Mas, por outro lado, não se pode esquecer em nenhum caso também que agora já se lançou a palavra de ordem da insurreição e a insurreição já começou. Começar o ataque em condições favoráveis constitui não só um direito, mas a obrigação direta de todo revolucionário. A execução de alcaguetes, de policiais, dos gendarmes, a explosão das delegacias de polícia, a libertação dos detidos, o sequestro de recursos financeiros do governo para investi-los nas necessidades da insurreição: "Tais operações já se realizam em todos os lugares onde ardem as chamas da insurreição, na Polônia, no Cáucaso, e cada destacamento do Exército revolucionário deve estar imediatamente disposto a semelhantes ações."

E, mais uma vez, revelou sua sensibilidade para captar as mudanças súbitas de situação, decisiva nos dias que antecederam à insurreição bolchevique de 1917.

> Cada destacamento deve recordar que deixando passar hoje mesmo uma ocasião propícia que se apresenta para levar a cabo tal ou qual operação, ele se torna culpado de uma inatividade imperdoável, de passividade, e uma culpa desta natureza é o maior crime de um revolucionário no período da insurreição, a maior vergonha para todo o que aspira à liberdade, não de palavras, mas com fatos.

A contribuição de Lenin, para a teoria da insurreição, é extremamente valiosa para as condições, vincula à sua concepção do partido, como força de combate, capaz de passar da agitação e da propaganda à luta armada, de dirigir greves, manifestações, operações militares, de acordo com as necessidades e o estado de ânimo das massas, para promover e realizar o seu único objetivo, a revolução social.

Desde a revolução de 1905, no fragor das lutas, ele desenvolveu aquele princípio que Marx e Engels proclamaram: a insurreição é uma arte. A fim de realizá-la não bastava que uns já não quisessem, era necessário que os outros já não pudessem sustentar o *statu quo* vigente.

O refluxo

1906. O governo do czar poderia fornecer à primeira Duma (parlamento), convocada para 10 de maio, um balanço de suas realizações nos dezessete meses que transcorreram desde o Domingo Sangrento: mais de 1.000 execuções, 14.000 assassinatos, 20.000 feridos, 70.000 exilados, ou presos.

A revolução arquejava. A média de operários em greve, que, em 1905, alcançou a casa 2.750.000 (contra menos de cinquenta mil nos anos anteriores) caiu para um milhão e não cessou de decrescer. 750 mil em 1907; 174.000 em 1908; 64.000 em 1909... 50.000 em 1909; 50.000 em 1910. Os atos de terror, como contrapartida, aumentavam o seu saldo: 768 assassinatos em 1906; 1.231 em 1907. E, apenas na Transcaucásia, mais de 1.000 operações de guerrilhas (de todos os tipos) se registraram.

Os destacamentos de combate, dirigidos, nos Urais, pelos bolcheviques e, na Polônia, pelo Partido Socialista Polonês, incrementaram suas atividades. Também atuavam nas mais diversas regiões da Rússia. À medida, porém, que a reação mais e mais se fechava (1908) e se desvaneciam as esperanças de uma nova insurreição, os grupos de guerrilha começaram a desintegrar-se. Alguns, corrompidos pelo dinheiro das expropriações, perdiam-se em farras e, muitas vezes, caíam nas mãos da polícia. Outros, pela falta de objetivo político próximo e de vitórias que lhes erguessem a moral, perdiam a combatividade ou se entregavam ao puro e simples banditismo. Não mais se tratava de um intervalo entre batalhas da guerra civil, onde as operações de guerrilha se impõem, como dizia Lenin, e sim de longo período de depressão do movimento de massas. Lenin encarava aquelas operações como prosseguimento da insurreição de dezembro e preparação para nova ofensiva, que imaginava iminente. Esta ocorreria somente em 1917.

O congresso do POSDR, que se realizou em Londres (maio de 1907), determinou a dissolução dos grupos de combate.

À medida que a revolução amainava, os social-democratas submergiam mais e mais na clandestinidade. Lenin passou à Finlândia e, depois, viajou para Estocolmo (Suécia), onde se realizaria o IV Congresso do POSDR, em que bolcheviques e mencheviques promoveriam a sua unificação. Unificação houve, mas, de fato, as duas facções continuaram independentes, mantendo as suas estruturas e defendendo seus próprios pontos de vista. Os mencheviques, que estavam em maioria, conseguiram aprovar diversas resoluções.

Lenin, após o congresso, retornou a St. Petersburg, onde permaneceu na clandestinidade, dedicando-se, intensamente, ao trabalho do partido. A 9 de maio, compareceu à Casa do Povo Panina, com o nome de Karpov, e falou pela primeira vez à massa de operários. A revolução dava ainda sinais de vida e, em julho, explodiram motins nas bases navais de Sveaborg e Kronstad. Lenin, em contato com os líderes do movimento, procurou estendê-los a St. Petersburg. Os camponeses reativaram as ocupações de terra, mas a autocracia, que por um momento balançou, novamente se consolidava.

A 21 de julho o czar dissolveu a primeira Duma. O primeiro-ministro Stolipin iniciou a sua ditadura e instituiu a corte marcial e os julgamentos sumários para liquidar os rebeldes, paralelamente à promulgação de uma lei agrária (22 de novembro), destinada a criar uma camada de camponeses privilegiados, que servisse como sustentáculo da autocracia.

Não somente as atividades de guerrilhas, àquele tempo, centralizavam as atenções de Lenin. Também o problema do boicote à Duma entrara na pauta de discussões. Muitos bolcheviques defendiam esta medida, mas Lenin sentiu que a situação mudara e que, por conseguinte, o partido deveria adaptar-se às condições do refluxo. O boicote à Duma justificava-se num período de ascensão revolucionária, a fim de não iludir as massas com as concessões do czar. Uma vez, porém, que se afastavam as perspectivas da ação direta e de uma nova insurreição, o partido deveria aproveitar a campanha eleitoral e o parlamento para a propaganda revolucionária.

A sua atitude estarreceu grande parte da facção bolchevique, que só veio a compreendê-la depois de muita resistência. Mas, enquanto Lenin queria valer-se da campanha eleitoral e aproveitar a Duma para denunciá-la como farsa, os mencheviques nutriam todo tipo de ilusões. Pretendiam formar aliança com os partidos de oposição, inclusive o Constitucional Democrata (Konstitutsionno--Demokraticheskaya Partiya – Kadets), que exprimia os interesses da oligarquia liberal, para lutar contra o absolutismo. Imaginavam mesmo fazer algumas reformas, pela via legislativa, em favor da classe operária. Se o boicote isolaria o partido, a tática dos mencheviques conduziria as massas para o caminho da comédia parlamentar, da mistificação democrática.

Em janeiro de 1907, quando principiou a campanha eleitoral para a segunda Duma, Lenin teve que abandonar St. Petersburg e refugiar-se na Finlândia (Kuokkala). A repressão recrescia. As águas da revolução baixavam cada vez mais e os caranguejos da política emergiam do lodo social. O refluxo manifestava-se em todos os setores, até mesmo dentro do partido, onde os mencheviques fizeram a maioria e dominaram o Comitê Central.

Àquela altura, diante do problema eleitoral, se esboçava nova cisão do POSDR. Os bolcheviques advogavam plena independência na campanha e a formação de um bloco de esquerda, com os socialistas revolucionários e os chamados partidos do trabalho (*trudoviques*). Os mencheviques, por outro lado, queriam acordo com os *Kadetii* e apoiá-los para a Duma. Uma conferência do POSDR de Petersburgo aprovou as resoluções propostas por Lenin, mas, obedecendo a ordens do Comitê Central, um grupo de 31 mencheviques insurgiu-se e decidiu seguir a sua própria orientação, celebrando uma aliança com os *Kadetii*.

Lenin, que estava sempre disposto a partir para a ofensiva, não hesitou e escreveu o folheto *As eleições em Petersburg e a hipocrisia dos 31 mencheviques*. Acusava-o de aliar-se aos *Kadetii*, "com o propósito de vender os votos operários". Seus ataques contra os dissidentes de St. Petersburg atingiam, na verdade, o Comitê Central, que logo o submeteu ao julgamento de um tribunal do partido. Cabia ao réu (no caso, Lenin) escolher três juízes. O Comitê Central também designaria três, cabendo os restantes às organizações da Letônia, da Polônia e ao *bund* judaico, estes, como neutros, designariam os restantes. Acusação: "conduta inadmissível num membro do partido."

Lenin compareceu ao tribunal e justificou seu comportamento. A violência com que atacou os companheiros: "Inadmissível? Sim, certamente, mas só com a seguinte condição: entre membros de um partido unido..." Mas, "quando ocorre uma cisão, o dever de cada um é lutar para subtrair as massas à influência do grupo dissidente".

E acrescentou:

> Acusam-me de haver semeado a confusão nas fileiras do proletariado. Minha resposta é: semeei deliberadamente a confusão nas fileiras do proletariado de Petersburg, que seguia os mencheviques, iniciadores da cisão [...] e farei sempre o mesmo cada vez que se produza uma cisão [...] Contra esses inimigos políticos conduzi e, no caso de uma repetição ou desenvolvimento de outra dissidência, sempre conduzirei uma luta de extermínio.

Lenin considerava a cisão como "a ruptura de todos os laços de organização, o passo da luta ideológica", que visava "a influenciar o partido não mais de dentro, mas de fora", quando não mais se pretende "convencer e persuadir os camaradas", senão "destruir sua organização [...] excitar as massas proletárias e as massas populares em geral contra a organização dissidente". No seu entender, "seria um erro falar dos camaradas do partido nos termos que provocam sistematicamente o ódio, a aversão e o desprezo dos que professam opiniões diferentes. Mas se pode e se deve falar neste sentido de uma organização separatista".

Aquela linguagem se destinava a "provocar no leitor o ódio, a aversão e o desprezo [...], não a convencer, mas a alquebrar as fileiras do adversário, não a corrigir seu erro, mas a destruí-lo, a apagar sua organização da superfície da terra". Assim, "essa maneira de expressar-se é de tal natureza, na realidade, que pode provocar os piores pensamentos, as piores suspeitas contra o adversário e, desde logo, em contraste com a fórmula que convence e corrige, produz a confusão nas fileiras do proletariado".

Para uma luta desse tipo não haveria limites, "fixados por nenhum regulamento de partido, nem pode haver, porque uma cisão implica o fim da existência do partido [...] Os limites de uma luta, nascida de uma cisão, não são os limites fixados pelo partido, senão os limites políticos gerais, ou melhor, os limites civis gerais, os limites estabelecidos por uma lei penal, e nada mais".

Daí a irascibilidade de linguagem, que caracteriza toda a obra de Lenin, uma obra essencialmente polêmica e dirigida, sobretudo, contra aqueles que, na esquerda, podiam prejudicar os interesses da revolução. Ele sabia, entretanto, manter as questões no plano estritamente político e teórico, e por isto sempre estava disposto a reconciliar-se com os adversários, quando estes corrigiam as suas posições e os seus pontos de vista. E, mesmo se não houvesse nenhum entendimento, Lenin respeitava-os, como homens, reconhecendo e exaltando o papel revolucionário que desempenharam no passado. Assim aconteceu com Plekhanov. Lenin, vitoriosa a revolução, não permitiu que se lhe tocassem num fio de cabelo. E, quando Plekhanov morreu, não só proibiu que o atacassem, naquele momento, como externou um voto de pesar e disse:

– Ninguém, na Rússia, pode considerar-se marxista sem ter passado pela escola de Plekhanov.

A intolerância e a forma acre com que atacava os que discordavam de suas teorias, os que pensavam diferente, contribuíram para a dogmatização das doutrinas de Marx e Engels e a emergência do totalitarismo, sob égide do Poder Soviético.

Materialismo e empiriocriticismo

Lenin continuou na clandestinidade, a dirigir o trabalho da facção bolchevique. Em abril de 1907, participou do V Congresso do POSDR, que se reuniu em Londres, e, em agosto, viajou para Stuttgart (Alemanha), a fim de comparecer ao congresso da II Internacional. Regressou, em seguida, mas a situação na Rússia tornava-se cada vez mais difícil e seu refúgio de Kuokalla (fronteira da Finlândia) não mais oferecia condições de segurança.

O primeiro-ministro Pyotr Arkadyevich Stolypin (1862-1911), em junho de 1907, intimou a segunda Dunna (instalada desde fevereiro) para que expulsasse, imediatamente, 55 deputados social-democratas e permitisse a prisão de 16. Não esperou a decisão. A Okrana realizou centenas de batidas, enchendo seus cárceres de militantes, operários e intelectuais. Tratava-se de um golpe da autocracia, que, com a dissolução da segunda Duma, promulgaria nova lei eleitoral ainda mais autoritária.

Lenin não teve alternativa senão sair da Finlândia, o que fez em dezembro de 1907. Quase morreu quando tentava atravessar a fronteira e o gelo partiu-se sob os seus pés. Salvou-se e, a 25 de dezembro, chegou a Genebra.

A segunda emigração, que duraria nove anos, ocorria em circunstâncias mais graves. O partido estava profundamente avariado, seus militantes perseguidos, suas organizações esmagadas pela polícia. Muitos, principalmente entre os intelectuais, capitulavam, renegavam. Havia traições. As massas manifestavam cansaço. Os que deixaram, por um momento, de conquistar o céu, na terra, agora procuravam a terra no céu. A revolução na fé substituía a fé na revolução. Uma onda de religiosidade e misticismo espraiou-se pela Rússia. A taxa de suicídios aumentou e grande parte da juventude redescobriu o sexo, o erotismo. A depressão atingia um dos seus pontos mais baixos em 1908.

Lenin tratou de organizar, no estrangeiro, a publicação de *Proletarii*, a fim de rearticular a facção bolchevique. Mas, simultaneamente, teve que enfrentar os reflexos do descenso revolucionário dentro de sua própria fortaleza. Do grupo mais radical, que advogava o boicote da Duma e chegou a acusá-lo de *menchevismo* por defender a participação na campanha eleitoral, surgiu uma tendência para ressuscitar o idealismo contra a dialética de Marx e Engels. Essa tendência, na verdade, vinha de algum tempo, mas somente em 1908 recrudesceu a sua ofensiva ideológica, com o aparecimento de diversas obras sobre a questão. Uma coletânea de artigos de Vladimir Basarov (1874-1939), Aleksandr A. Bogdanov (1873-1928), Anatoly Lunatcharski (1875-1933) e outros, intitulada *Apontamentos sobre a Filosofia do Marxismo*, era a mais importante de todas. Seus autores, liderados por Aleksandr A. Bogdanov, um dos dirigentes bolcheviques, inspiravam-se na doutrina do físico e filósofo austríaco Ernst Mach (1838-1916).

Os adeptos de Ernst Mach procuravam eliminar o dualismo entre a ideia e a matéria. A consciência – expunham – é que imprime as qualidades à matéria – tamanho, forma, cor etc. Uma e outra se integram e se transformam num único elemento. Era a negação do materialismo dialético, mais uma tentativa para rever a doutrina de Marx e Engels, a partir da teoria do conhecimento. Essa filosofia se chamava empiriocriticismo ou empireomonismo.

Lenin então se lançou ao estudo de Mach, Richard Avenarius (1843-1896), David Hume (1711-1776), George Berkeley (1685-1753) e outros filósofos e, como nem todo o material pôde encontrar em Genebra, viajou para Londres, onde, durante algum tempo, se plantou no salão de leitura do Museu Britânico. E escreveu o *Materialismo e Empiriocriticismo*, obra que, iniciada em fevereiro de 1908, ele concluiria em outubro, com a pretensão de lançá-la o quanto antes, quando se realizaria uma conferência ampliada da redação de *Proletarii*. Assim poderia, nessa ocasião, liquidar definitivamente a corrente de Bogdanov.

O *Materialismo e Empiriocriticismo* mostram a estrutura de Lenin como pensador, capaz de enriquecer e ampliar o legado de Marx e Engels, não só como político, mas, também, como filósofo. Ali ele restaura e consolida a gnosiologia do materialismo dialético. As coisas existem fora e independentemente do homem, produto da matéria altamente organizada. Não existe nem pode existir diferença alguma de princípio entre o fenômeno e a coisa em si. A diferença consiste entre o que se conhece e o que não se conhece. Não se deve, portanto, considerar o conhecimento do homem como algo acabado e imutável, mas analisar de como do *desconhecimento* surge o *conhecimento*, de como o conhecimento incompleto, impreciso, se torna mais completo e mais preciso.

Lenin partiu, seguindo o método materialista, dos objetos para a sensação e para o pensamento.

> O materialismo, de pleno acordo com as ciências naturais, considera a matéria como o elemento primário e a consciência, o pensamento, a sensação, como o elemento secundário, porque a sensibilidade não se relaciona, em sua forma mais acabada, senão com as formas superiores da matéria (com a matéria orgânica), e não se pode admitir, "nos alicerces do próprio edifício da matéria", a existência de uma propriedade análoga à sensibilidade.

A matéria – expunha – "suscita a sensação, atuando sobre os nossos órgãos dos sentidos", isto é, "a sensação depende do cérebro, dos nervos, da retina [...], da matéria organizada de maneira determinada. A matéria é o primordial. A sensibilidade, o pensamento, a consciência são os produtos mais elevados da matéria organizada de um modo determinado", depois de alto grau de evolução. Assim a tentativa para eliminar o dualismo do espírito e do corpo, de acordo com a concepção monista, visava restabelecer a primazia da ideia sobre a matéria.

Da análise das sensações, Lenin avançou para a teoria do conhecimento. O materialista admite a verdade objetiva, independentemente do homem, que a conhece através dos órgãos dos sentidos. Essa verdade objetiva, absoluta, não é senão uma soma de verdades relativas. "Cada etapa do desenvolvimento das ciências acrescenta novas parcelas a essa soma de verdade absoluta, mas os limites da verdade de toda tese científica são relativos, ora amplos, ora restritos, na proporção do progresso das ciências." Mas, qual o critério dessa verdade? "A concepção prática, da vida, deve ser a concepção fundamental da teoria do conhecimento" – reafirmou Lenin. A prática proporciona um critério objetivo da verdade. Dessa forma, o problema de saber até que ponto os conhecimentos do homem refletem a realidade só se resolve com a experiência.

O *Materialismo e Empiriocriticismo* ainda focalizou a revolução por que passaram as ciências naturais, principalmente a física, com a descoberta, nos fins do século XIX, da radioatividade, no elétron, e da variabilidade de sua massa. "A essência da crise da física contemporânea" – indicou Lenin – "consiste na subversão das velhas leis e dos princípios fundamentais e na rejeição da verdade objetiva existente fora da consciência, isto é, pelo idealismo e pelo agnosticismo." Aquelas descobertas não refutavam, antes confirmavam a validade do método dialético, cuja utilização abriria a saída para a crise. "O elétron é tão inesgotável quanto o átomo, a natureza é infinita e existe infinitamente. E somente esse reconhecimento absoluto, categórico, da sua existência fora da consciência e das sensações humanas é que distingue o materialismo dialético do agnosticismo e do idealismo relativistas."

A preocupação de Lenin, no campo da filosofia, não se limitaria apenas ao estudo que fez para o *Materialismo e empiriocriticismo,* mas, a muitos outros, cujos projetos só apareceriam depois de sua morte (1929-1933), em *Léninski Sbórnik.* Esses projetos, editados separadamente, tomaram o título de *Cadernos filosóficos.* Suas notas e comentários, sobre os mais diversos aspectos da filosofia e as suas várias correntes, revelam a sua intenção de escrever uma obra mais ampla, que não chegou a dar forma. Lenin dedicava particular atenção ao processo do conhecimento dialético, pela via da preparação sensível, que se transforma em pensamento abstrato e, em seguida, se confronta com a prática. Voltou-se para a obra de Hegel, sobretudo para a lógica e a teoria do conhecimento.

A maioria dos apontamentos data de 1914-1915.

A questão nacional

No período que se seguiu ao golpe de Stolypin (junho de 1907), até às vésperas da Primeira Guerra Mundial, uma série de dissensões e lutas internas marcou a história da social-democracia russa, dividiu e subdividiu as frações que a integravam, mencheviques, bolcheviques e diversos outros grupos. Entre os bolcheviques havia a corrente dos boicotadores, os *otsovistas* (do russo *otsovat*, retirar), que exigiam o abandono da Duma pelos deputados social-democratas e a renúncia a toda atuação legal. No outro extremo, entre os mencheviques, os liquidadores voltavam as costas à luta ilegal e à organização clandestina. Os conciliadores, entre os quais se incluíam Trotsky, Solomon A. Lozovsky (1878-1952), Alexey I. Rikov (1881-1938), Grigoriy Y. Sokolnikov (1888-1939) e Lew Kamenev, representavam ainda uma terceira tendência, que buscava preservar a unidade do POSDR.

Em janeiro de 1910, os conciliadores conseguiram convocar um pleno do Comitê Central, a fim de promover a unidade, cujo preço bolcheviques e mencheviques teriam que pagar com a expulsão de suas fileiras de todos os extremistas – boicotadores e liquidadores. Isto não constituía nenhum problema para Lenin, que, desde a conferência da redação de *Proletarii*, em junho de 1909, expulsara seus principais cabeças, os empiriocriticistas, como Bogdanov e Lunatcharski. Os mencheviques, porém, não puderam cumprir sua parte no acordo, porquanto o liquidacionismo influenciava a maioria. Houve novo rompimento.

As lutas prosseguiram. Lenin convocou, em janeiro de 1912, uma conferência de ativistas, que se realizou em Praga e proclamou a sua fração como o verdadeiro partido, expulsando os mencheviques. A conferência ainda adotou outras resoluções: decidiu que o partido entraria na campanha eleitoral para a quarta Duma; elegeu um Comitê Central, sob a direção de Lenin, que também passaria a representá-lo junto ao Bureau Socialista Internacional (II Internacional).

Trotsky, que, em Viena, dirigia um jornal com o título de *Pravda*, tomou a dianteira da luta contra Lenin e, ao reunir bolcheviques boicotadores e ultraesquerdistas, mencheviques, o *bund* judaico e outros, formou o chamado Bloco de Agosto. Todos consideravam a conferência de Praga como um golpe de Estado e não se dispunham a reconhecê-la. Mas, a essa altura, Lenin tinha o controle da organização clandestina do partido, os bolcheviques dominavam os organismos regionais, enquanto os mencheviques estavam dispersos e, sem uma diretriz que os unisse, só podiam oferecer uma pálida resistência, um protesto sem eco, embora contassem com as simpatias dos dirigentes da II Internacional.

Não só as lutas de fração, entretanto, estraçalhavam a social-democracia russa. A Okhrana conseguira infiltrar, no aparelho do partido, vários agentes, como David Zhitomirsky e Roman Malinovsky, este último, muito próximo de Lenin, chefiou o grupo bolchevique (seis deputados) eleito para a Duma, em 1912, e integrou o Comitê Central. Lenin, apesar de advertido diversas vezes, recusou-se a aceitar as suspeitas que se espalhavam no partido. Malinovsky, quando eclodiu a guerra, abandonou sua cadeira de deputado e viajou para a Alemanha. Só depois de vitoriosa a revolução, puderam comprovar que ele efetivamente trabalhara para a polícia. Fuzilaram-no quando regressou à Rússia.

As infiltrações provocaram no aparelho do partido muitas baixas e, juntamente com as questões de ordem ideológica, acirravam os ânimos, para aumentar a divisão – o que também interessava à

Okhrana –, fomentando o clima de intrigas e desentendimentos. Lenin, a fim de escapar, por um lado, às contendas que agitavam os emigrados e, por outro, controlar mais de perto o trabalho clandestino do partido, transferiu-se, em 19 de junho de 1912, para Cracóvia (Áustria-Hungria). Estaria mais próximo da Rússia, onde começara a circular, desde 5 de maio, o órgão legal dos bolcheviques, com o título de *Pravda* (verdade), o mesmo do periódico editado por Trotsky em Viena.

Desde 1908, Lenin e Nadezhda estavam a morar em Paris e lá ele conheceu, em 1910, Inessa Armand, *née* Elisabeth-Inès Stéphane d'Herbenville (1874-1920), militante do POSDR, mulher muito bonita e culta, feminista, tocava, ao piano, Beethoven, que Lenin adorava, e irradiava sexualidade. Os dois apaixonaram-se e iniciaram fervoroso *affaire d'amour*. Lenin não escondeu o caso de Nadezhda Krupskaya, sua esposa, que se ofereceu para deixá-lo, se ele quisesse, para estar livre com seu novo amor. Lenin disse que não, que ela ficasse, e Nadezhda não apenas compreendeu e aceitou a situação como estreitou a amizade com Inessa, que se tornou *maîtresse* e braço direito de Lenin. Passaram a viver em *ménage à trois*. Inessa ainda era casada com o industrial russo Aleksandr Armand, nunca se divorciara, e fora amante do cunhado, Vladimir, que morreu em 1910, ano em que ela conheceu Lenin.

A partir de 1910, no entanto, os ventos mudavam na Rússia. O movimento de massas estava a recuperar, gradativamente, sua força. As greves, em 1912, já envolviam 725.000, e esta cifra aumentaria de ano a ano, até o início da guerra: 1. 272.000 (861.000, segundos os dados oficiais), em 1913, e 1.500.000, na primeira metade de 1914.

Lenin, em 1912, trasladou-se para a Cracóvia, com Nadezhda Krupskaya e Inessa Armand, e voltou suas atenções para o problema das nacionalidades, pouco antes de eclodir a guerra, a fim de responder às críticas de Rosa Luxemburg ao artigo 9 do programa do POSDR, que consagrava o direito das nações a autodeterminação.

Rosa Luxemburg, líder da ala esquerda da social-democracia alemã, considerava aquela reivindicação como tipicamente pequeno-burguesa e este ponto de vista defenderia até mesmo depois de vitoriosa a insurreição de Outubro, quando os bolcheviques concederam aos povos, que integravam o Império da Rússia, o direito à autodeterminação. O desenvolvimento das grandes potências capitalistas e o imperialismo tornaram ilusório aquele direito, argumentava Rosa Luxemburg. E, sob o socialismo, que representa uma ordem econômica internacional, ele perderia ainda mais a sua razão de ser. De sorte que aquela reivindicação, no programa do POSDR, reforçaria, no seu entender, tão somente o nacionalismo burguês.

Embora as críticas de Rosa Luxemburg viessem desde 1908, apenas em 1914, seis anos depois, Lenin sentiu a necessidade de refutá-las, no ensaio *Sobre o direito das nações à autodeterminação*, escrito em fevereiro-maio daquele ano. As raízes da divergência residiam no fato de que Rosa Luxemburg não percebia a importância da autodeterminação das nacionalidades, que a Rússia subjugava, como fator altamente explosivo, naquele processo de revolução democrático-burguesa. "Na Europa Ocidental, continental, a época das revoluções democrático-burguesas abarca um intervalo de tempo bastante determinado, aproximadamente de 1789 a 1871" – explicava Lenin. "Na Europa oriental e na Ásia, a época das revoluções democrático-burguesas apenas começou em 1905." O marxismo exige que se enquadre, dentro de um marco histórico determinado, a análise de qualquer problema social e, por conseguinte, é preciso focalizar o direito à autodeterminação, estabelecendo-se em "que época histórica atravessa a Rússia, quais são as particularidades concretas da questão nacional e dos movimentos nacionais do país determinado e na época determinada".

As condições particulares da Rússia, segundo Lenin indicava, exprimiam-se na seguinte situação:

A Rússia é um Estado com um centro nacional único, grão-russo. Os grão-russos ocupam um gigantesco território compacto, ascendendo seu número a aproximadamente 70 milhões de homens. A peculiaridade deste Estado nacional reside, em primeiro lugar, em que os *alógenos* (que em conjunto constituem a maioria da população, com 57%) povoam precisamente a periferia; em segundo lugar, no fato de que a opressão destes alógenos é muito mais forte que nos países vizinhos (inclusive não apenas nos europeus); em terceiro lugar, em que há toda uma série de casos em que as nacionalidades oprimidas, que vivem na periferia, têm compatriotas do outro lado da fronteira e estes últimos gozam de maior independência nacional (basta recordar, ainda que só seja nas fronteiras ocidental e meridional do Estado, os finlandeses, suecos, polacos, ucranianos e romenos); em quarto lugar, em que o desenvolvimento do capitalismo e o nível geral de cultura são com frequência mais altos na periferia *alógenas* que no centro do Estado.

E mais: "precisamente nos Estados asiáticos vizinhos presenciamos o começo de um período de revoluções burguesas e de movimentos nacionais, que compreendem em parte as nacionalidades afins dentro das fronteiras da Rússia".

Lenin entendia a autodeterminação das nações como "sua separação estatal das coletividades nacionais estranhas [...], a formação de um Estado nacional independente". Mas, "a burguesia, que naturalmente atua no princípio de todo movimento nacional como força hegemônica (dirigente)" coloca sempre em primeiro plano as suas reivindicações, enquanto o proletariado "subordina-as aos interesses da luta de classes". Para Lenin, "em todo nacionalismo burguês de uma nação oprimida há um conteúdo geral democrático contra a opressão e a este conteúdo emprestamos um apoio incondicional, separando rigorosamente a tendência para o exclusivismo nacional, lutando contra a tendência do burguês polaco para oprimir o judeu etc. etc.".

Assim, da mesma forma que defendia o direito à autodeterminação, Lenin rechaçava a chamada autonomia nacional-cultural, como um disfarce do nacionalismo burguês. "Os socialistas lutam contra todas e cada uma das manifestações, abertas ou sutis, do nacionalismo burguês", assinalava no projeto de plataforma para o IV congresso da social-democracia da Letônia.

> Os social-democratas sempre defenderam e defendem o ponto de vista do internacionalismo. Ao proteger a igualdade de direito de todas as nacionalidades diante dos feudais e do Estado policial, propugnamos não pela cultura nacional, senão pela cultura internacional, que inclui só uma parte de cada cultura nacional, a saber: o conteúdo consequentemente democrático e socialista de toda a cultura nacional.

O reconhecimento do direito à autodeterminação, ou seja, do direito à separação e à independência, como o Estado, das diversas nações, não poderia, por conseguinte, levar ao "nacionalismo militante da burguesia, que embrutece, engana e divide os operários para conduzi-los a reboque dos burgueses". Este nacionalismo militante constitui "o fato fundamental de nossa época" e contra ele "quem quiser servir ao proletariado deverá unir os operários de todas as nações" – acentuou em *Notas críticas sobre a questão nacional*, escrito que data de dezembro de 1913.

Alguns meses depois, a questão do nacionalismo e do internacionalismo passaria pela grande prova de fogo, dividindo, irremediavelmente, a social-democracia: a guerra mundial, deflagrada em agosto de 1914, arrastou a maioria dos seus líderes e militantes para a voragem do chauvinismo. A Lenin, contrário à guerra, caberia sustentar o internacionalismo socialista e defender o derrotismo revolucionário.

O internacionalismo

A II Internacional ou Internacional Socialista, fundada ainda em vida por Friedrich Engels (1889), procurou intervir na luta entre mencheviques e bolcheviques, a fim de unificar a social-democracia russa. Era julho de 1914 e um mês depois, no dia 15 de agosto, comemoraria seu 25º aniversário, com a realização de um congresso. O congresso, porém, não se realizou e, em vez de unificar a social-democracia russa, a própria II Internacional desmoronaria, ao troar dos canhões que iniciaram a guerra mundial.

Velhos militantes socialistas, homens que devotaram toda uma vida ao movimento operário, passaram, subitamente, a proclamar a defesa da pátria, a apoiar os governos dos seus respectivos países, a integrá-los e a conduzir as massas para a guerra que as potências capitalistas deflagraram. Georgi Plekhanov (Rússia), Jules Guesde (França), Emile Vandervelde (Bélgica), Philip Scheidemann (Alemanha), enfim, a maioria dos social-democratas empunhou as armas, alinhada com seus respectivos governos. Outros, como Karl Kautsky, Hugo Haase (1863-1919) e Eduard Bernstein, sugeriram a abstenção na votação dos créditos de guerra, dado estar a Alemanha ameaçada pela Rússia czarista, mas denunciaram e voltaram-se contra os propósitos anexionistas do kaiser Wilhelm II. Apenas uma minoria se conservou fiel ao internacionalismo socialista, em toda a Europa – Lenin, à frente dos bolcheviques, Trotsky, Martov e alguns mencheviques na Rússia, e Rosa Luxemburg (1871-1919), Karl Liebknecht (1871-1919) e Franz Mehring (1846-1919), na Alemanha.

Com um sentimento de muito profunda amargura, é preciso constatar que os partidos socialistas dos principais países europeus não cumpriram essa tarefa sua (salvaguardar a coesão do proletariado e suas convicções socialistas contra o desenfreio do chauvinismo). A conduta dos seus chefes – em particular do alemão – revela franca traição à causa do socialismo. Num momento da maior transcendência histórica mundial, a maioria dos chefes da atual Internacional, da II Internacional Socialista (1889-1914), trata de suplantar o socialismo pelo nacionalismo.

Assim Lenin manifestou-se no manifesto do comitê do partido bolchevique *A Guerra e a Social-Democracia da Rússia*, aprovado em setembro e publicado em l° de novembro de 1914, no jornal *Socialdemokrat*, n° 33. E acrescentou:

> A bancarrota da II Internacional naquele manifesto é a bancarrota do oportunismo, que se desenvolveu sobre a base das particularidades da época histórica passada (a chamada época pacífica) e obteve, durante os últimos anos, um predomínio efetivo na Internacional. Os oportunistas preparavam há tempo esta bancarrota, ao negar a revolução socialista e ao substituí-la pelo reformismo burguês, ao negar a luta de classes e sua indispensável transformação, em determinados momentos, em guerra civil e ao propugnar a colaboração de classes, ao preconizar o chauvinismo burguês sob o nome de patriotismo e de defesa da pátria e ao desconhecer ou negar a verdade fundamental do socialismo, exposta já no *Manifesto comunista*, segundo a qual os operários não têm pátria.

Embora não pudesse determinar qual a derrota (dos grupos de nações beligerantes) representaria um mal menor para o socialismo, sabia que "do ponto de vista da classe operária e das massas trabalhadoras de todos os povos da Rússia, o mal menor seria a derrota da monarquia czarista, o governo mais reacionário e bárbaro, o que oprime maior número de nações e a maior massa de população da Europa e da Ásia".

O programa da social-democracia russa, naquele momento, poderia resumir-se em três pontos: república democrática (com plena igualdade de direitos e autodeterminação de todas as nações), confisco das terras dos latifundiários e jornada de oito horas. Mas a ideia era de que, em todos os países avançados, a guerra estava a impor uma única saída: a revolução socialista. O entendimento dos revolucionários era de que a guerra seria inevitável enquanto a sociedade se achasse dividida em classes sociais, enquanto existisse a exploração do homem pelo homem. A de 1914 resultara das próprias necessidades do capitalismo, da sua luta pelos mercados e pelas fontes de matéria-prima. Continuava, pelas armas, a tão decantada concorrência, que, num determinado momento de sua evolução, passava do plano econômico para o plano político. E do político para o militar. Ou seja, a concorrência entre empresas gerava os monopólios e a luta dos monopólios, pela sua própria dinâmica, transforma-se em guerra entre Estados.

Lenin julgava que não se podia colocar os problemas da paz e da guerra na base de simples manifestações de protesto ou de apelos sentimentais. O socialismo, que lutava consequentemente pela paz e condenava a guerra entre os povos, "como forma bestial de resolver os conflitos", compreendia, entretanto, que só pela força e pela revolução a humanidade poderá livrar-se da contínua sangria que a sociedade de classes lhe impunha. A única política válida e justa para os social-democratas consistiria, portanto, na "transformação da atual guerra imperialista em guerra civil".

Lenin encontrava-se em Galitzia (Poronino), quando irrompeu a guerra e viu-se às voltas com a polícia da Áustria, por causa de sua condição de russo, e, libertado graças à interferência de Victor Adler (1852-1918) e de outros social-democratas, teve que abandonar o país. Transferiu-se para a Suíça, que se mantivera neutra no conflito, e morou primeiramente em Berna e depois em Zürich, onde permaneceu até abril de 1917.

As comunicações com a Rússia tornaram-se extremamente difíceis, em consequência da guerra. Os jornais chegavam à Suíça com irregularidade e as organizações do partido sofriam, continuamente, os golpes da Okhrana. E, até mesmo naquele país neutro, para onde afluiu a maioria dos *émigrés* russos, o trabalho político precisava observar as mais severas normas de clandestinidade e da conspiração. Qualquer movimento menos velado poderia provocar a reação das autoridades suíças, pressionadas pelos embaixadores da França ou da Rússia, sob o pretexto de quebra de neutralidade.

A Lenin, entretanto, nada fazia retroceder no seu propósito de realizar a revolução na Rússia, não importavam os meios. E a Alemanha, a enfrentar a Rússia, no front oriental, tirá-la da guerra, a fim de deslocar seus Exércitos para combater as tropas da França e da Grã-Bretanha, no *front* ocidental. Tornava-se necessário, portanto, derrocar o czar Nicholas II. E, pouco mais de um mês após o início da conflagração mundial, em 1914, o social--democrata estoniano Alexander Eduard Kesküla (1882-1963), a serviço do Ausland Narichtendienst, serviço de inteligência de Berlim, que lhe dera um passaporte com o nome de Alexander Stein e recursos, entendeu-se com o ministro plenipotenciário da Alemanha, em Berna, Gisbert Freiherr von Romberg (1866-1939). Este, em telegrama cifrado, sugeriu ao subsecretário de Estado do Ministério do Exterior (Auswärtiges Amt), Arthur Zimmermann (1864-1940), como conceito estratégico para derrotar a Rússia e tirá-la da guerra, financiar os bolcheviques, antimilitaristas, de modo que promovessem a derrocada do czar Nicholas II. Kesküla, sempre em conexão com o ministro von Romberg, do qual era informante e transmitia as informações obtidas através de outro

LENIN: VIDA E OBRA

bolchevique estoniano – Arthur Siefeldt – que vivia em contato com os exilados russos, entregou-lhe o programa de Lenin.

O social-democrata Aleksandr Izrail Lazarevich Gelfand/Helphand (1867-1924), codinome Alexander Parvus, que mantinha relações com Lenin e Trotsky, possivelmente passara a trabalhar para o Geheimdienst Abteilung III (militärischen Nachrichtendienstes III B), o serviço de inteligência militar da Alemanha, e apresentou ao embaixador da Alemanha, em Constantinopla, Hans Freiherr von Wangenheim (1859-1915), o plano de apoiar os bolcheviques para que realizassem a revolução na Rússia. Em 11 de março de 1915, o kaiser Wilhelm II autorizou então o fornecimento de 2 milhões de Reichsmarks, através de *reptilienfonds* (fundos dos répteis, *i.e.,* clandestinos, não contabilizados), para financiar os bolcheviques, que defendiam um armistício imediato com a Alemanha e o início das negociações de paz, sem indenizações nem anexações.

Helphand-Parvus se instalou em Copenhague, como diretor de uma empresa, Handels og-Eksport Kompagniet, com o polonês Yakov Fürstenberg – Hanecki (codinome de Yakov Stanislavovich Ganetsky), que realizava os negócios com a Rússia. Comprava da Alemanha bens de consumo e outros, a fim de furar o bloqueio, mudava os rótulos da procedência e exportava-os da Dinamarca para a Rússia. Os lucros serviam para financiar as atividades de agitação e propaganda dos bolcheviques, revolucionários profissionais, pagos, conforme teoria que Lenin defendera, inspirada na concepção do *narodniki* Sergey G. Nechayev, e dividira o Partido Operário Social-Democrata da Rússia, entre bolcheviques (majoritários) e mencheviques (minoritários). Lenin tinha relações com Ganetsky, *alias* Fürstenberg, mas todo o dinheiro ia para o trabalho da facção bolchevique. Ele vivia muito modestamente em Zürich, para onde mudara sua residência em fevereiro de 1916, desconfiava de Parvus e apenas intuía que o dinheiro provinha da Alemanha.

O magnata do Ruhr, Emil Kirdorf, como representante da indústria pesada da Renânia-Vestefália, autorizou o Diskonto-Bank e o Nia-Bank, em Estocolmo, e o Deutsche Bank, na Suíça, a fornecer mais recursos aos bolcheviques russos no montante de 15 milhões de Reichsmarks para a propaganda revolucionária, em 1917. E, em 18 de junho de 1917, Lenin recebeu da Diskontogesellschaft mais 350.000 Reichsmarks, por encargo de Emil Kirdorf, depositados em sua conta em Kronstad, e mais 207.000 Reichsmarks, em 12 de setembro. Dias depois, 21 de setembro, uma conta fora aberta no nome de Trotsky, no Bureau des Bankhauses M. Warburg (banco sueco) e, em 2 de outubro, ele solicitou que 400.000 coroas fossem entregues a uma camarada de nome Sônia, para a compra de armamentos e pagamento do transporte até Lulea e Varde. Em 9 de novembro de 1917, as contas já estavam vazias, e o Außenministerium (Ministério do Exterior) do Kaiser requereu ao ministro das Finanças que pusesse à disposição de Trotsky valor de 15 milhões de Reichsmarks para fins de propaganda revolucionária na Rússia.

As tarefas, que se lhe apresentavam pela frente, adquiriram uma amplitude muito maior. Tratava-se não só de reorganizar o partido e reorientar as suas atividades, levando-se em conta as condições criadas pela guerra, como de articular os núcleos revolucionários dos diversos países e assentar as bases para uma nova Internacional. Lenin não aceitava conciliação com os que votaram os créditos de guerra, tiveram participação nos governos e lançaram a palavra de ordem de defesa da pátria.

Em 27 de setembro de 1914, realizou-se em Lugano, na Suíça, uma conferência dos socialistas italianos e suíços, que discutiram as *Teses sobre a guerra,* de Lenin. Em março de 1915, teve lugar outra importante reunião, a Conferência Internacional das Mulheres Socialistas, convocada pelos bolcheviques. Sua resolução condenava a atitude da maioria dos partidos: socialistas, que infringia a orientação traçada pelos congressos de Stuttgart (1907),

LENIN: VIDA E OBRA

Copenhague (1910) e Basileia (1912), para a II Internacional. Lenin atacou, severamente, os adversários, em todas as frentes, e ele próprio encabeçou a delegação bolchevique a uma conferência internacional da juventude. Denunciava sem cessar:

> A defesa da colaboração de classes, o abandono da ideia da revolução socialista e dos métodos revolucionários de luta, a adaptação ao nacionalismo burguês, o esquecimento das fronteiras historicamente transitórias da nacionalidade ou da pátria, o fetichismo da legalidade burguesa, a renúncia ao ponto de vista de classes e à luta de classes por temor a que se afastem as amplas camadas da população: tais são, indubitavelmente, os fundamentos ideológicos do oportunismo.

Sobre esta fase nascera o social-chauvinismo, que levara a II Internacional à bancarrota. Lenin empenhou-se em proceder à diferenciação entre reformistas e os revolucionários, que contestavam "com novos e reiterados esforços para estabelecer a unidade dos operários das distintas nações na luta pelo derrocamento do domínio da burguesia de todas as nações".

Suas tarefas seriam:

> Não votar os créditos de guerra, não consentir o chauvinismo de seu país (e dos países aliados), lutar em primeiro lugar contra o chauvinismo de sua própria burguesia, não limitar-se às formas legais de luta quando começa a crise e a burguesia derruba a legalidade criada por ela: tal é a linha de atuação que conduz à guerra civil e levará a ela em um ou outro momento do incêndio europeu.

O *Manifesto comunista* havia ensinado que a classe operária devia começar dentro das fronteiras de cada país, "indicando assim os limites e as condições do nosso reconhecimento da nacionalidade e da pátria, como formas necessárias do regime burguês e, por conseguinte, da pátria burguesa". Mas, "o movimento socialista não pode vencer dentro do velho âmbito da pátria".

A guerra mundial oferecia a grande oportunidade para a revolução. Cabia aos socialistas aproveitá-la, fazendo "a propaganda da luta de classes entre as tropas", para "transformar a guerra dos povos em guerra civil". Se "a esta guerra (a guerra imperialista de 1914) não se segue uma série de revoluções vitoriosas, outras guerras virão".

Lenin, naquele mesmo artigo, lançou a palavra de ordem de fundação da III Internacional. "A III Internacional tem diante de si a tarefa de organizar as forças do proletariado para a ofensiva revolucionária contra os governos capitalistas, para a guerra civil contra a burguesia de todos os países, pelo poder político e pela vitória do socialismo."

Lenin não cessou a pregação. Ora chamava pela "aproximação e confraternização no Exército e nas trincheiras entre os socialistas dos países beligerantes" (*Carta à redação de Nashe Slovo – Nossa Palavra* – diário internacionalista dirigido por Martov e Trotsky em Paris). Ora denunciava que, "reconhecer a palavra de paz e repeti-la significaria estimular a suficiência dos charlatões impotentes (e com frequência ainda pior: hipócritas)" (*A Questão da Paz* – julho-agosto de 1915). E insistia: "Somos partidários da luta revolucionária contra o imperialismo, isto é, contra o capitalismo." Ou: "É impossível qualquer paz democrática sem uma série de revoluções e sem luta revolucionária em cada país contra seu governo."

E, em um folheto que escreveu juntamente com Grigoriy Zinoviev, intitulado *O Socialismo e a Guerra*, de julho-agosto de 1915, colocou o problema da fundação da III Internacional:

LENIN: VIDA E OBRA

> Estamos profundamente persuadidos de que, nas condições presentes, o dever primordial de todo revolucionário consiste em romper com os oportunistas e chovinistas [...] Não há a menor dúvida de que, para criar uma organização marxista internacional, é indispensável que nos distintos países haja forças dispostas a formar partidos marxistas independentes [...] Mas estamos firmemente convencidos [...] de que nosso partido, em nosso país, em nosso proletariado, trabalhará sem descanso na direção indicada e com toda a sua atividade cotidiana criará a seção russa da Internacional marxista.

A 5 de setembro de 1915, numa pequena aldeia da Suíça, chamada Zimmerwald, uns poucos socialistas de diversos países lá se reuniram e confraternizaram, a desafiarem as nações beligerantes. Lenin liderou a esquerda da conferência, aquela para a qual "a reivindicação de paz só adquire sentido se se apela à luta revolucionária".

Trotsky redigiu o manifesto.

Em abril de 1916, numa outra aldeia da Suíça, Kienthal, aqueles socialistas, revolucionários, voltaram a congregar-se. Deram os primeiros passos para a formação da III Internacional, a Internacional Comunista, que nasceria em março de 1919, depois de implantado o Poder Soviético. E viveria apenas o intervalo entre uma e outra guerra. Stalin, em 1943, resolveu extingui-la, para tranquilizar os Aliados, na guerra contra o Eixo, dando-lhes uma demonstração efetiva de paz e dos seus propósitos de não promover a revolução mundial.

O imperialismo

A livre concorrência, no mercado, sempre configurou uma guerra, conduzida por meio da redução dos preços, o que dependia da produtividade do trabalho, e este da escala da produção, e daí que vencia a empresa com mais capital e mais recursos tecnológicos e/ou outras vantagens. Ganha a empresa que possui o maior capital, a que pode explorar maior número de operários. Ela absorve ou esmaga suas rivais. A mais forte torna-se mais forte. É a lei da selva, aplicada à economia: a lei do mais forte. Assim, sobre o campo de batalha – onde perecem dezenas de capitalistas – erguem-se os trustes e cartéis, o monopólio parasita e reacionário. *"Die größeren Kapitale schlagen daher die kleineren"* (os grandes capitais derrotam os pequenos) – disse Marx. E a livre concorrência engendra a sua mortal negação.

Um mês após a eclosão da guerra, Karl Kautsky, discípulo direto de Karl Marx e Engels e o mais importante teórico da II Internacional, escreveu em *Die Neue Zeit*, de 11 de setembro de 1914, um artigo intitulado "Der Imperialismus", no qual defendeu a teoria de que, conforme a lei do desenvolvimento capitalista, demonstrada por Marx, a guerra mundial poderia compelir as potências imperialistas a formar uma espécie de cartel, da mesma forma que a rude e brutal competição das firmas gigantes, dos bancos gigantes e multimilionários, que absorviam os menores, levaram os grupos financeiros a conceber a ideia de um cartel, um acordo explícito ou implícito a fim de evitar os conflitos entre elas e a devastação recíproca, deixando que as guerras, para o consumo de armamentos, produzidos pela indústria pesada, ocorressem na periferia do sistema capitalista. Não era impossível, do ponto de vista puramente econômico, que o capitalismo entrasse em nova fase, com a transferência dos métodos dos cartéis para a política internacional, conforme Kautsky anteviu, e constituíssem o ultraimperialismo, que também devia ser, implacavelmente, combatido.

Com efeito, a internacionalização da vida econômica, com a criação do mercado mundial e a divisão internacional do trabalho, promovida pelo capitalismo mercantil, entre os séculos XV e XVIII, e acentuada a partir dos fins do século XIX, a concorrência recrudesceu e o antagonismo entre empresas transformou-se no antagonismo entre Estados nacionais e entre blocos de Estados. Formavam-se impérios do capital financeiro.

A guerra de 1914 constituiu uma trágica manifestação desta concorrência: a concorrência pelas armas. Lenin denunciou, diversas vezes, seu caráter imperialista. Era preciso, porém, esclarecê-lo, explicá-lo. "É evidente que não poderemos emitir um julgamento histórico concreto sobre a guerra atual, se não nos basearmos numa completa elucidação da natureza do imperialismo, tanto do ponto de vista econômico, como do ponto de vista político", observou no prefácio ao livro de Nikolay Bukharin *O Imperialismo e a economia mundial*, escrito em 1915.

O capitalismo atravessava uma nova etapa, que Marx e Engels apenas previram. John A. Hobson (1858-1940), economista inglês, publicou, em 1902, uma obra sobre *O imperialismo*, em que fazia, segundo expressão de Lenin, "excelente e detalhada descrição das particularidades econômicas e políticas" dessa etapa. Mais tarde, em 1910, Rudolf Hilferding (1877-1941), marxista austríaco, escreveu um livro sobre *O capital financeiro*, que Lenin também considerava, apesar de algumas restrições, "uma análise teórica extremamente valiosa". E Rosa Luxemburg, em 1913, lançou *A acumulação do capital*, onde estudou as leis de evolução do capitalismo e demonstrou que o imperialismo era "a expressão do processão de acumulação do capital, em sua luta para conquistar as regiões não capitalistas que não se encontrem ainda dominadas".

Mas o assunto não se esgota, nem mesmo com o ensaio de Bukharin, na verdade um dos mais preciosos (e atuais) estudos sobre a questão, também abordando com muita clareza a formação dos monopólios de Estado e do complexo industrial-militar. Lenin, ele próprio, passou a pesquisar dados e estatísticas sobre a economia mundial e suas notas compõem um volume, publicado depois de sua morte, com o título *Cadernos sobre o Imperialismo*.

Essas notas serviram de base para elaboração do seu famoso livro – *O Imperialismo – etapa superior do capitalismo*. Lenin terminou de escrevê-lo em junho de 1916. Pretendia publicá-lo, legalmente, na Rússia e por isto usou uma linguagem velada, com poucas observações políticas, para furar a censura. Só veio a público, porém, depois da queda do czar, em 1917.

"O imperialismo, o domínio do capital financeiro, é", definia Lenin, "o capitalismo no seu mais alto grau", em que "os grupos de monopolistas [...] – cartéis, sindicatos, trustes – repartem entre si, em primeiro lugar, o mercado interno, apoderando-se, de modo mais ou menos completo, da produção do país", e, depois, "partilham o mundo, não como consequência de sua perversidade, senão porque o grau de concentração a que chegaram lhes obriga a seguir esse caminho para obter lucro", e o fazem, "segundo o capital, segundo a força" (econômica ou militar) de que dispõem.

O capitalismo contemporâneo, cujo alto grau de concentração e centralização transformou a concorrência em monopólio, apresenta outra particularidade extremamente importante, "a chamada combinação, ou seja, a reunião, numa só empresa de distintos ramos da produção, que representam [...] fases sucessivas da elaboração de uma matéria-prima [...] ou desempenham, uns em relação aos outros, papel auxiliar".

A fase da livre concorrência atingiu seu ponto culminante entre 1860 e 1880. Após a crise de 1873, os cartéis começaram a surgir, mas de modo esporádico, e só se "converteram em base de toda a vida econômica", a partir do fim do século XIX e princípios do século XX, estabelecendo entre si acordos sobre preços, condições de venda, prazos de pagamentos, áreas do mercado etc. Apoderam-se das fontes de matéria-prima, monopolizam a mão de obra especializada, controlam os meios de transporte e de comunicação (estradas de ferro, de navegação, telégrafos etc.).

Os monopólios a essa altura não utilizam apenas as condições técnicas para vencer a competição. Recorrem a todos os processos – *dumping* (vendas abaixo do custo), privação de crédito, boicote etc. – para forçar a rendição ou o colapso dos concorrentes. Estrangulam todos os capitalistas que não se submetem a seu jugo. As especulações florescem. "O monopólio abre caminho em todas as partes, valendo-se de todos os meios, a começar pelo pagamento de modesta indenização e terminando pelo procedimento americano do emprego da dinamite contra o competidor."

Lenin mostrou que "a supressão das crises pelos cartéis é uma fábula dos economistas burgueses". "As crises de todo tipo, sobretudo as crises econômicas, mas não somente estas, aumentam por sua vez com a tendência para a concentração e o monopólio." "O monopólio é a última palavra da fase mais recente do desenvolvimento do capitalismo", a antessala da revolução social.

O papel que os bancos desempenharam, nesse processo de concentração, adquire, pouco a pouco, decisiva e fundamental importância. Simples intermediários para as operações de pagamento, "convertem o capital monetário inativo em ativo, isto é, que rende juros", e passam a reunir enorme soma de dinheiro, que põem à disposição dos industriais. Trava-se a competição, e os

Aleksandr Ulianov (1866-1887) — Irmão mais velho de Lenin, foi um brilhante estudante de ciências naturais na Universidade de St. Petersburg, onde iniciou atividades clandestinas contra o regime czarista. Fez parte da *Narodnaia Volia* e foi enforcado em 1887, aos 21 anos, por haver participado do *complot* para assassinar o czar.

Vladimir Ilytch Ulianov / Lenin (1870-1924) — Desde a juventude, conviveu com a ideologia política e revolucionária de seu irmão mais velho, cuja execução o levou a radicalizar seu envolvimento nas manifestações estudantis e difusão panfletária da revolução.

Nadezhda Konstantinova Krupskaya (1869-1939) — Pedagoga, crítica literária, revolucionária bolchevique e leal companheira de Lenin. Após a revolução de 1917, participou do governo e integrou o Comissariado do Povo de Instrução Pública, que definiu as bases de um novo sistema educacional com importante papel no combate ao analfabetismo na Rússia. Entrou em conflito com Stalin, que a hostilizou durante a doença de Lenin, e foi afastada da cena política após a morte do companheiro. Em 1926, comentou: "Se Volódia [Lenin] fosse vivo, a esta hora estaria na prisão." No período de 1929 a 1939, trabalhou como Comissária da Educação, tendo recebido o título de cidadã honorária em 1931. Faleceu aos 70 anos e assistiu, emudecida, à eliminação de todos os antigos companheiros de Lenin, durante os sangrentos expurgos ocorridos entre 1934 e 1938.

Inessa Fiódorovna Armand (1874-1920) — Destacou-se como ativista bolchevique. Lenin a conheceu em 1908, quando estava exilado em Paris, e ambos mantiveram um fervoroso *affaire d'amour* com a anuência de Nadezhda, de quem Inessa também se tornou amiga e companheira de luta. Foi *maîtresse* e braço direito de Lenin. Entre 1919 e 1920 comandou o departamento de mulheres do Comitê Central do Partido Comunista. Faleceu em 1920.

Georgi Plekhanov (1856-1918) — Quando estudante, fez parte do movimento revolucionário *narodniki*. Fundou, em 1883, o primeiro centro da social-democracia russa, denominado Grupo da Emancipação do Trabalho, que traduziu e divulgou uma série de trabalhos de Marx e Engels na Rússia. Foi mestre de Lenin, mas, posteriormente, divergiram e passaram a se detestar — embora Lenin nunca tenha deixado de respeitá-lo. Morreu em 1918.

Karl Kautsky (1854-1938) — Filósofo austro-húngaro, jornalista e um dos principais teóricos da social-democracia alemã. Amigo pessoal de Engels, organizou e editou o terceiro volume da obra *O Capital*. Previu o advento do ultraimperialismo, com a formação de um cartel das potências industriais.

Eduard Bernstein (1850-1932) — Discípulo e amigo de Friedrich Engels, um dos líderes da Internacional Socialista (II Internacional), havia proclamado a necessidade de rever a doutrina de Marx. Entendia que a "monumental obra de Marx", embora constituísse uma pesquisa científica, apresentava uma tese pronta e um resultado predeterminado.

Rosa Luxemburg (1871-1919) — Filósofa e economista marxista, foi militante da ala esquerda da social-democracia alemã, saudou a Revolução Russa como um notável acontecimento, porém criticou a supressão da democracia por Lenin e Trotsky. "Liberdade é sempre a liberdade dos que pensam de modo diferente." Fundadora do Partido Comunista da Alemanha, autora de *Introdução à economia política*, publicado em 1925, e *A acumulação do Capital*, em 1913. Foi assassinada pelos militares alemães, juntamente com Karl Liebknecht, em 15 de janeiro de 1919.

Primeira edição da obra
O imperialismo, de Lenin (1917).

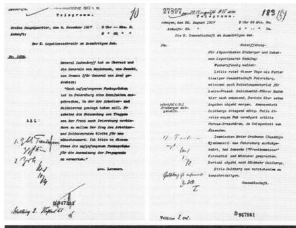

Financiamento da Alemanha à Revolução Russa.

Este último documento diz:

"Estocolmo, 12 de setembro
Ao senhor Färsen, Kronstadt (via Helsingfors). Executei os seus pedidos: Passaportes e a referida quantia de 207.000 marcos, por ordem do seu senhor Lenin, foram entregues às pessoas indicadas na sua carta. A seleção foi aprovada por Sua Excelência, o Ministro. Eu confirmo a chegada das pessoas indicadas e a recepção dos seus contrarrecibos.
Svenson."

Guardas Vermelhos, em 7 de novembro de 1917, quando ocupavam os centros vitais de Petrogrado para estrangular o governo Kerensky.

As Jornadas de Julho — protestos armados ocorridos em Petrogrado, em julho de 1917, organizados pelos anarcocomunistas, socialistas revolucionários e bolcheviques. Tinham como objetivo derrubar o Governo Provisório da Rússia.

Guardas Vermelhos marchando em Moscou.

O Comitê Militar Revolucionário comunicou ao mundo, às 10 horas da manhã do dia 8 de novembro, que o Governo Provisório não existia mais. Kerensky fugira num carro da embaixada dos Estados Unidos. O Palácio de Inverno foi tomado às 2 horas e 10 minutos da madrugada do dia 8 de novembro.

Aleksandr F. Kerensky (1881-1970) — Ministro da Guerra. Após a queda do czar Nicholas II, assumiu o cargo de primeiro-ministro no Governo Provisório.

Leon Trotsky (1879-1940) — Dividiu com Lenin a liderança da Revolução Russa. Organizou os Guardas Vermelhos para a tomada do poder pelos bolcheviques, comandou o Exército Vermelho na derrota das tropas contrarrevolucionárias. Com a ascensão de Stalin ao poder, Trotsky passou a ser perseguido. Grande orador e escritor, suas muitas obras políticas são da maior importância e ainda inspiram as diversas tendências trotskistas. Em 20 de julho de 1940 foi assassinado, no México, por um agente da OGPU, o serviço de inteligência da União Soviética, por ordem de Stalin.

Yuli Martov (1873-1923) — Revolucionário socialista, líder dos mencheviques. Embora divergisse dos bolcheviques, sempre se manteve como um digno revolucionário nos momentos decisivos.

General Kornilov (1870-1918) —, Comandante em chefe do exército russo, responsável pela tentativa de golpe contrarrevolucionário que acabou enfraquecendo ainda mais o Governo Provisório de Aleksandr Kerensky e culminou com a tomada de poder pelos bolcheviques.

A imperial família Romanov, que foi selvagemente assassinada pelos revolucionários em Ekaterimburg, no dia 17 de julho de 1918.

Já enfermo, Lenin, em 5 de março de 1923, escreveu a Stalin ameaçando "romper todas as relações pessoais" com ele, devido à forma grosseira e insolente com que se dirigira a Nadezhda Krupskaya. Dias depois, 9 março de 1923, sofreu mais um acidente vascular cerebral, o terceiro, e perdeu sua capacidade de falar. O lado direito do seu corpo ficou paralisado.

Lenin morreu em 21 de janeiro de 1924 e teve o corpo embalsamado exposto em seu mausoléu, na Praça Vermelha, em Moscou.

diversos bancos, que antes existiam, cedem lugar a reduzido número de estabelecimentos, "monopolistas onipotentes, que dispõem de quase todo o capital monetário de todos os capitalistas e pequenos patrões, assim como da maior parte dos meios de produção e das fontes de matérias-primas de um ou de vários países".

A concentração e o aumento do giro do capital modificam, substancialmente, a importância dos bancos "e os capitalistas dispersos vêm a formar um capitalista coletivo". "Ao levar uma conta-corrente para vários capitalistas" – Lenin assinalou – "o banco aparentemente realiza uma operação puramente técnica, auxiliar", mas, na verdade, quando ela

> cresce em proporções gigantescas, resulta que um punhado de monopolistas subordina as operações comerciais e industriais de toda a sociedade capitalista, obtendo a possibilidade – por meio de suas relações bancárias, das contas-correntes e outras operações financeiras – primeiro, de inteirar-se com exatidão do estado de negócios de cada capitalista e, depois de controlá-los, de exercer influência sobre eles mediante a ampliação ou a restrição do crédito, facilitando-o ou dificultando-o e, finalmente, de determinar completamente seu destino, de determinar sua rentabilidade, de privá-los de capital ou de permitir-lhes acrescentá-lo rapidamente e em proporções imensas etc.

A Bolsa, que no capitalismo de livre concorrência funcionava como regulador da economia, perde a sua importância, cedendo aos bancos o controle sobre a circulação de valores. E, enquanto as indústrias precisam recorrer cada vez mais aos bancos, para conseguir capital, os bancos têm necessidade de investir nas indústrias a grande soma de dinheiro de que dispõem. Associam-se os interesses. Banqueiros compram ações das indústrias e entram na sua direção. O capital bancário funde-se ao capital industrial e gera o capital financeiro. A aliança econômica produz a união pessoal e surge a oligarquia. "O monopólio, uma vez constituído e começando a manejar milhares de milhões, penetra, inevitavelmente, em todos os aspectos da vida social, independentemente do regime político e de outras particularidades." E, observava Lenin, "o imperialismo, o predomínio do capital financeiro, [...] o capitalismo em seu mais alto grau, [...] implica a situação dominante do rentista e da oligarquia financeira, a situação destacada de alguns Estados, dotados de potência financeira, entre todos os demais".

A exportação de mercadorias caracterizava o velho capitalismo, onde predominava a livre concorrência. Mas a acumulação do capital, com a maior capacidade de exploração da mais-valia pelos monopólios, atinge tais proporções que a exportação do seu excesso se converte na característica principal da nova etapa. "A possibilidade de exportação do capital está determinada pelo fato de que uma série de países atrasados já se acha incorporada à circulação do capitalismo mundial", com a criação dos meios de transporte e das bases do desenvolvimento da indústria, enquanto que alguns outros, avançados, amadurecem excessivamente e não possuem mais terreno para investimentos lucrativos.

"A exportação de capital influi sobre o desenvolvimento do capitalismo nos países onde o investem", – esclareceu Lenin, invocando um relatório do cônsul austro-húngaro em São Paulo (Brasil), que afirmava:

> A construção das ferrovias brasileiras realiza-se, em sua maior parte, com capitais franceses, belgas, britânicos e alemães: ditos países, ao efetuar as operações financeiras relacionadas com a construção das vias férreas, asseguram os pedidos de construção ferroviária. Assim, a exportação de capitais abria caminho para a exportação de mercadoria e a oligarquia estendia a sua rede, no sentido textual da palavra, a todos os países do mundo.

Lenin, seguindo estas premissas, demonstrou a forma com que os monopólios procedem à partilha do mundo e a oligarquia financeira subordina "inclusive os Estados que gozam de uma independência política completa". Os grupos travam feroz luta para arrebatar ao adversário toda a possibilidade de concorrência, arrancar-lhe, por exemplo, "as terras que contêm minério de ferro, jazidas de petróleo etc.". "A posse das colônias é a única que garante de maneira completa o êxito do monopólio contra todas as contingências da luta com o adversário, sem excluir a possibilidade de que ele deseje defender-se por meio de uma lei sobre o monopólio de Estado." Isto é, muitas vezes um truste, querendo impedir que uma fonte de matéria-prima, uma jazida de minério ou de petróleo, caia nas mãos do concorrente, leva o governo do país a nacionalizá-la, a estabelecer o monopólio do Estado e não realizar a exploração. Lenin citou como exemplo a luta que o Banco Alemão e a Shell (holandesa-britânica) travaram contra o grupo petrolífero de John D. Rockefeller (1839-1937), organizando a campanha em favor do monopólio estatal, quando viram que iam perder a licitação.

O imperialismo criou "uma série de formas de transição de dependência nacional". O domínio não se limita às colônias, mas aos Estados "politicamente independentes, do ponto de vista formal, mas, na realidade, envoltos pela rede de dependência diplomática e financeira". O capital financeiro, segundo Lenin definiu com base no conceito de Hilferding,

> é o capital bancário de alguns grandes bancos e monopolistas fundido com o capital dos grupos monopolistas industriais e, por outro, a partilha do mundo é o trânsito da política colonial, que se expandia sem obstáculos nas regiões ainda não apropriadas por nenhuma potência capitalista, à política colonial de denominação monopolista dos territórios do globo, inteiramente repartidos.

O imperialismo apresentava, pois, as seguintes características: 1) concentração da produção e do capital que, elevada a tal ponto, cria o monopólio e este passa a desempenhar um papel decisivo na vida econômica; 2) fusão do capital bancário com o capital industrial, formando o capital financeiro, em torno do qual surge a oligarquia; 3) exportação de capital, através de investimentos, créditos etc.; 4) surgimento de trustes, sindicatos, cartéis, que repartem o mundo entre si; 5) o término da partilha territorial do mundo entre as potências capitalistas mais importantes.

A oligarquia financeira corrompe uma camada da classe operária, aburguesando-a e criando uma aristocracia operária, a base social do oportunismo, do reformismo, do social-chauvinismo, que contaminaram a II Internacional. "O imperialismo, [...] que implica lucros monopolistas elevados para um punhado de países riquíssimos, cria a possibilidade econômica de corrupção das camadas superiores do proletariado e com isto nutre, dá forma e reforça o oportunismo."

O monopólio, porém, exacerbou extremamente as contradições do capitalismo, com "a reação em toda a linha e a intensificação do jogo nacional como consequência do jogo da oligarquia financeira e a supressão da livre concorrência" agravou e aumentou a desigualdade do seu desenvolvimento, nas diversas partes do mundo. O imperialismo é, pois, o "capitalismo parasitário ou em estado de decomposição", embora esta tendência para a decomposição não descarte a sua possibilidade de crescimento, a sua fase superior, a sua última etapa, "o prelúdio da revolução social do proletariado".

Lenin errou na sua avaliação, dado que se empenhava, sobretudo, em fazer a revolução na Rússia, como força propulsora da revolução mundial. E não ocorreu. Kautsky é que estava certo, ao aventar, como legatário de Marx, a possibilidade de que as grandes potências também estendessem e aprofundassem sua cooperação, formassem um cartel, em parte como resposta à ameaça da revolução ou dos movimentos de libertação nacional, nos países coloniais, a periferia do sistema, onde as guerras ocorreriam para o consumo de armamentos. E em artigo publicado em *Neue Zeit*, em 30 abril de 1915, sob o título "Zwei Schriften zum Umlernen", explicou:

> o crescente entrelaçamento entre as várias cliques do capital financeiro levam-me a considerar se não é possível que a atual política imperialista seja superada por uma nova política ultraimperialista, que estabeleça a exploração conjunta do mundo pelo capital financeiro internacional, no lugar da luta entre os capitais financeiros nacionais. Essa nova fase do capital financeiro é, em todo caso, concebível.

O imperialismo – etapa superior do capitalismo, de Lenin, é um livro de combate. Constitui, fundamentalmente, um desdobramento das obras de Hilferding Hobson, e, cientificamente, não apresenta muita originalidade. Lenin apenas previu a "transformação do capitalismo monopolista em capitalismo monopolista de Estado", transformação esta que "a guerra imperialista acelerou e aguçou extraordinariamente", como disse em *O Estado e a revolução*, e imaginou que a revolução socialista, ao atingir os países avançados, como a Alemanha, França e Inglaterra, cortaria essa tendência.

A revolução de fevereiro

As tensões da guerra inflamaram todos os tecidos do organismo econômico e social da Rússia. A revolução latejava. O ano de 1917 chegou com sombrios presságios para a monarquia. O príncipe Felix Yossupov (1887-1967), casado com Irina Alexandrovna (1895-1970), sobrinha do czar Nicholas II, assassinara em 15 de dezembro de 1916 Grigoriy Rasputin (1869-1916), o monge devasso, que dominava e inspirava os senhores do trono, Alexandra Fjodorovna (1872-1918) e Nicholas Romanov II (1874-1918). O descontentamento minava todos os setores do Império, de cima a baixo, da corte às fábricas, dos quartéis aos campos. Explodiam revoltas. Havia conspirações de palácio. A burguesia liberal procurava, pelo golpe de Estado, interceptar aquela diátese.

Da centelha nasceria a chama. E a chama propagaria o incêndio. As comemorações programadas pelos social-democratas, à frente os bolcheviques, pela passagem do Dia Internacional da Mulher, no bairro proletário de Vyborg, transformaram-se, espontaneamente, numa greve de massas, que, em poucos dias, envolveu toda a cidade de Petersburg.

As multidões saíram às ruas. Enfrentavam a polícia. Os soldados e cossacos, chamados a intervir, começaram a vacilar. O contato com as massas dissolvia a disciplina e a unidade das tropas. Estabeleciam-se os vasos comunicantes que condicionam a psicologia das multidões. Os soldados identificavam-se no povo e como povo. O calor do apelo, que os operários lhes faziam, derretia a frieza da ordem das autoridades. A consciência da batalha acirrava a batalha da consciência. As massas disputavam com a autocracia a alma do Exército.

E, quando o sabre do cossaco rasgou o ventre do comissário de polícia, e o fuzil do soldado abateu o primeiro oficial, a revolução venceu.

Agora empunharia as armas. A 4ª Companhia do Regimento Pavlovsky sublevou-se. Também se insurgiram os soldados do regimento Volynsky. Eram os primeiros. Seguir-se-iam outros. A insurreição tomou quartel por quartel, apossou-se de regimento após regimento. E, a 12 de março (27 de fevereiro, pelo calendário antigo) de 1917, ressurgiu o Soviet de Deputados Operários de Petersburg, ao qual, dias depois, os soldados aderiram. As massas assaltaram a Fortaleza de Schluesselburg. Libertaram os presos. E, no dia 15, a burguesia liberal, aproveitando-se da situação, formou um Governo Provisório, encabeçado pelo príncipe Lvov (primeiro-ministro), Pavel Milyukov (ministro do Exterior) e Aleksandr Kerensky (ministro da Justiça), ao mesmo tempo em que o czar Nicholas II abdicava em favor de seu irmão, o grão-duque Mihail Alexandrovich.

A tirania resvalava no chão.

Lenin estava em Zürich quando soube da revolução de fevereiro. Começou, imediatamente, a articular seu retorno à Rússia. Não poderia perder tempo. Agora dispunha de um partido e poderia realizar aquilo que, em 1905, não tinha condições de fazer: o assalto ao poder. Todos os caminhos, porém, estavam fechados para ele. Os Aliados opunham obstáculos ao regresso dos emigrados russos. Só lhe restaria, portanto, um caminho, difícil, mas, em todo caso, o mais provável: a Alemanha.

O social-democrata Aleksandr Izrail Lazarevich Gelfand/ Helphand, conhecido como Alexander Parvus, que provavelmente

LENIN: VIDA E OBRA

servia Geheimdienst Abteilung III (militärischen Nachrichten-dienstes III B) propôs ao ministro plenipotenciário Ulrich Graf Brockdorff-Rantzau (1869-1928), na Dinamarca, que articulasse com o Auswärtiges Amt a permissão para que Lenin e outros bolcheviques exilados na Suíça regressassem a St. Petersburg, então denominada Petrogrado.[1] Argumentou que Lenin poderia derrubar o governo de Georgy Yevgenyevich Lvov (1861-1925), tiraria a Rússia da guerra e assinaria a paz em separado com a Alemanha. A iniciativa também coube ao social-democrata es-toniano Alexander Eduard Kesküla (1882-1963), que trabalhava para o Ausland Narichtendienst.

Os interesses coincidiam. A Alemanha desejava agravar ainda mais a situação da Rússia e obrigá-la a sair da guerra. Ficaria com maior desembaraço para movimentar suas tropas, deslocá-las para a frente ocidental, concentrá-las contra a França e a Inglaterra. Calculou, portanto, que a ação dos bolcheviques, cuja propagan-da defendia a retirada da Rússia do conflito, poderia favorecê-la. Lenin queria realizar a revolução na Rússia. Era a aspiração que nunca lhe desvaneceu. *Quum finis est licitus etiam media sunt licita. Exitus acta probat, i.e.*, os fins justificam os meios, frase latina que também inscrita na cota d'armas da família de George Washington, *founder father* dos Estados Unidos da América, que sem o dinheiro e os soldados da França de Luís XVI não haveria ganho a guerra da independência contra a Inglaterra.

O governo do kaiser Wilhelm II, depois de algumas démarches, aprovou a passagem de Lenin e de seu grupo pelo território da Alemanha. Serviu como intermediário das negociações o secretá-rio do Partido Socialista da Suíça, Fritz Platten (1883-1942), que logrou firmar por escrito um protocolo, estabelecendo as condi-

---

1. O nome da cidade, St. Petersburg, foi mudado para Petrogrado, em 1914, e, em 1924, novamente cambiou para Leningrado.

ções daquela viagem, aceitas tanto por Lenin como pelo Gisbert Freiherr von Romberg (1866-1939), embaixador da Alemanha em Berna. A viagem, segundo o protocolo, realizar-se-ia, na medida do possível, sem interrupções. Ninguém poderia entrar no vagão do trem, ao qual se reconhecia o direito de extraterritorialidade, sem consentimento dos seus ocupantes. Não haveria revisão das bagagens nem dos passaportes. Apenas Fritz Platten se encarregaria do contato com as autoridades e a administração da Alemanha. Era, por assim dizer, um vagão lacrado.

Representantes de organizações operárias e socialistas de diversos países (Alemanha, França, Polônia, Suíça, Suécia e Noruega) divulgaram uma declaração de apoio à atitude de Lenin. Os internacionalistas não tinham apenas o direito, mas o dever de utilizar as especulações dos governos imperialistas no interesse da classe operária, sem abandonar seu ponto de vista próprio e sem lhes fazer a menor concessão. Os adversários de Lenin aproveitaram, porém, sua viagem através da Alemanha para reiterar a acusação de que ele e os bolcheviques estavam a serviço do kaiser Wilhelm II.

A viagem efetuou-se, apesar das ameaças do primeiro-ministro Pavel Nikolayevich Milyukov (1859-1943) de submeter à Justiça os emigrados que passassem pelo território da Alemanha. Juntamente com Lenin, partiram de Berna (Suíça) Nadezhda Krupskaya, Inessa Armand, Zinoviev e sua mulher, Karl Radek (1885-1939), Grigoriy Sokolnikov, ao todo 32 pessoas, entre as quais 19 bolcheviques, 6 membros do *bund* judaico e 3 partidários do jornal internacionalista *Naché Slovo*, que Trotsky e Martov publicavam em Paris.

Lenin, em nome dos social-democratas que retornavam à Rússia, escreveu a *Carta de adeus aos operários suíços*, na qual denunciou os líderes social-patriotas da II Internacional e repetiu: "Não somos pacifistas. Somos inimigos das guerras imperialistas pela partilha dos despojos entre capitalistas, mas sempre declaramos absurdo o proletariado revolucionário repudiar guerras revolucionárias que podem revelar-se necessárias ao interesse do socialismo." Acusou o Governo Provisório da Rússia de ter negociado com o irmão de Nicholas II a restauração da monarquia e preconizou a revolução socialista. Mas, sabia Lenin, "o proletariado russo não pode acabar vitoriosamente, com as suas próprias forças, a revolução socialista". Ela começaria no seio da Rússia e caberia ao proletariado europeu e americano completá-la, travar as batalhas decisivas. O seu curso dependia da revolução mundial.

Lenin e seus companheiros de viagem deixaram Berna a 8 de abril e chegaram à estação da Finlândia, às 23 horas do dia 16, onde os receberam Nikoloz Chkheidze (1864-1926), presidente do Comitê Executivo do Soviet de Petrogrado (como passou a chamar-se St. Petersburg, então capital da Rússia) e Matvey Ivanovich Skobelev (1885-1938), ministro do Trabalho, ambos mencheviques, entre grande multidão de operários e soldados.

Aquela hora marcava o início da luta pela segunda revolução. Lenin ignorou a recepção oficial. Subiu em um carro de combate e, dirigindo-se aos operários, soldados e marinheiros, pronunciou um discurso, que concluiu com o grito:

– Viva a revolução socialista mundial.

Teses de abril

"Nossa tática: plena desconfiança, nenhum apoio ao novo governo, suspeitamos particularmente de Kerensky, armamento do proletariado única segurança, eleições imediatas da Duma de Petrogrado, nenhuma fusão com outros partidos."

Este telegrama de Lenin, enviado ao Comitê Central, logo quando se formou o Governo Provisório do príncipe Lvov, esboçava a linha geral do comportamento que a facção bolchevique, já organizada como partido, deveria adotar, diante da nova situação. A mesma ideia ele desenvolveu em diversos documentos e, principalmente, nas *Cartas de longe*, levando em conta, inclusive, o ressurgimento do Soviet de Petrogrado, cujo presidente, N. Chkheidze, submeteu a rigorosa crítica. Atacou o Governo Provisório, assinalou a necessidade de criar as milícias populares, fortalecer os Soviets, como órgãos do futuro Estado, e de preparar a conquista do poder pelo proletariado.

A primeira dessas cartas, escritas em 20 de março de 1917, chegou à Rússia pelas mãos de Alexandra Kollontai (1872-1952), militante menchevique que havia aderido a Lenin, e provocou espanto e reação entre os dirigentes locais do partido, que compunham a redação da *Pravda*, Mihail Kalinin (1875-1946), Matvei Muranov (1873-1959), Mihail Olminsky (1863-1933), Yosif Stalin e outros. Lenin abandonou a palavra de ordem de ditadura democrática de operários e camponeses e advogou a passagem para a revolução socialista, que "dará aos povos martirizados pela guerra a paz, o pão e a liberdade". A *Pravda* publicou a carta no dia 3 e 4 de abril, mas, cortando-lhe alguns parágrafos essenciais, que definiam o caráter contrarrevolucionário do Governo Provisório. Os dirigentes do partido em Petrogrado – Kamenev, Stalin, Kalinin, Muranov e outros – não compreenderam que a revolução democrático-burguesa, prevista, desde 1905, pelo programa bolchevique, se realizara, mas de modo diferente, "mais original, mais característico e mais variado". A oligarquia, aproveitando-se da insurreição de fevereiro, espontânea e sem organização, formou seu próprio governo, para o qual atraiu o apoio dos socialistas-revolucionários (*narodniki*) e dos mencheviques. É verdade que Lenin, em 1905, advogara a participação dos social-democratas num governo revolucionário provisório, órgãos da ditadura democrática, mas ao lado dos camponeses, para garantir e aprofundar as conquistas das massas, preparando a passagem para o socialismo. O Governo Provisório, que se constituiu na crista dos acontecimentos de fevereiro-março de 1917, era diferente, compunha-se de capitalistas, que utilizavam os social-democratas para manipular as massas, refreá-las e domesticá-las, enquanto os operários e camponeses se congregaram em torno dos Soviets, estabelecendo a dualidade de poderes.

Stalin, Kamenev, Olminski e os demais integrantes da redação da *Pravda* não compreenderam a mudança de situação e por isto não percebiam o alcance da posição de Lenin. Insistiam na velha palavra de ordem de ditadura democrática de operários e camponeses, inclinavam-se para o apoio condicional ao Governo Provisório, julgavam que pela pressão poderiam modificar a sua política e articulavam, novamente, a unificação com os mencheviques, apesar da advertência de Lenin contra a fusão com qualquer outro partido.

Quando Lenin chegou e, no dia 17 de abril, leu as famosas *Teses de abril*, perante os delegados bolcheviques na Conferência

LENIN: VIDA E OBRA

Panrussa dos Soviets, houve maior reação. Ele postulava que a revolução democrática terminara ("a Rússia era, entre os países beligerantes, o mais livre do mundo", dizia), não havia violência contra as massas, mas o Governo Provisório não podia nem queria realizar as reivindicações mais prementes do povo russo: paz e terra. Exigir que aquele governo assinasse a paz e renunciasse às anexações, como fazia a *Pravda* (artigos de Kamenev e Stalin) era um absurdo, um delírio flagrante. A orientação correta seria desmascarar "o governo de capitalistas, em vez de exigir que deixe de ser imperialista" o que desperta ilusões. Os bolcheviques deveriam explicar às massas "o laço indissolúvel que une o capital à guerra imperialista e demonstrar-lhe que sem derrubar o capital é impossível pôr fim à guerra com uma paz verdadeiramente democrática e não com uma paz imposta pela força".

A peculiaridade daquele momento, na Rússia, consistia na passagem da primeira etapa da revolução, "que deu o poder à burguesia, por faltar, ao proletariado, o grau necessário de consciência e organização, à sua segunda etapa, que deve colocar o poder em mãos dos trabalhadores e dos camponeses pobres". Lenin apontava o Soviet de operários como a única forma possível de governo revolucionário, mas, enquanto ali estivessem em minoria, os bolcheviques só poderiam desenvolver um trabalho, de crítica e esclarecimento, "paciente, sistemático, tenaz e especialmente adaptado às necessidades práticas das massas". Tratava-se de explicar os erros da direção menchevique e socialista-revolucionária – Nikolay Chkheidze (1864-1926), Irakli Tsereteli (1881-1959) etc. – e mostrar a necessidade de que todo o poder do Estado passasse para as mãos do Soviet.

Uma república de Soviets, de cima a baixo, substituiria a república parlamentar. Haveria a supressão da polícia, do Exército, da burocracia. Os funcionários seriam eleitos e sujeitos à remoção. A propriedade das terras passaria para as mãos dos Soviets e todos os bancos fundir-se-iam em um único banco nacional. Eis, em síntese, o programa que apresentava. E ao POSDR caberia, naquele momento, as seguintes tarefas: 1) Realização imediata de um congresso; 2) Mudança do programa do partido, principalmente: a) sobre o imperialismo e a guerra, b) sobre a atitude ante o Estado e a reivindicação de um Estado-Comuna, c) reforma do programa mínimo, já antiquado; 3) Renovação da Internacional.

A *Pravda*, sob a direção de Stalin, refletiu a resistência da direção do partido à nova linha. Kamenev, na edição do dia 21, publicou um artigo, dizendo que as *Teses* exprimiam uma opinião pessoal de Lenin, contrária, inclusive, à política adotada pela *Pravda*. Mas, não apenas Kamenev, Stalin e Olminski a elas se opuseram. Rikov, Georgy L. Piatakov (1890-1937) e muitos outros no partido também combateram a ideia de que a revolução burguesa se completara com os acontecimentos de fevereiro-março e que cumpria aos bolcheviques passar para a revolução socialista. A resistência era geral. E Lenin teve que recorrer às bases, à discussão aberta, para superar as divergências e conseguir a aprovação do seu ponto de vista.

"A passagem do poder de uma classe para a outra é a primeira característica principal, essencial, de uma revolução", explicava Lenin nas *Cartas sobre a tática*, brochura que publicou para defender as *Teses de abril*. E a revolução de fevereiro-março transferiu o poder das mãos da nobreza territorial e feudal, representada pelo czar Nicholas Romanov, para as mãos da burguesia. Apegar-se, portanto, à fórmula do velho bolchevismo, como o fazia Kamenev, era sacrificar "a realidade viva, dos fatos precisos e concretos", em favor de "uma teoria de gelo, que, como toda teoria, é tanto ou mais capaz de indicar o essencial, o geral, uma aproximação da complexidade da vida".

E, evocando *Fausto*, de Johann Wolfgang von Goethe (1749--1832), Lenin repetiu: "Toda teoria é seca, caro amigo, mas a árvore

LENIN: VIDA E OBRA

da vida é sempre verde."[1] "A história", argumentou, "confirmou, inteiramente, as ideias e as palavras de ordem dos bolcheviques, mas, na realidade concreta, as coisas ocorreram de outro modo que não podíamos (e ninguém podia) prever. Elas ocorreram de modo mais original e mais variado." Insistir na palavra de ordem de ditadura democrática revolucionária do proletariado e dos camponeses seria "retardar-se na vida, [...] passar à pequena-burguesia contra a luta de classe do proletariado, [...] merecer um lugar no museu das raridades bolcheviques pré-revolucionárias (nos arquivos dos velhos bolcheviques, como se poderia dizer)".

Os acontecimentos de fevereiro-março não só entregaram o poder à burguesia como criaram as condições para o desenvolvimento ulterior da revolução, para a passagem da etapa democrática à etapa socialista. Estabeleceram a dualidade de poder. E a dualidade de poder – este fenômeno a que Lenin dedicou tanta atenção – era, justamente, a característica de uma situação revolucionária que não se definiria e que revelava o impasse da revolução. De um lado, o governo efetivo, o Governo Provisório do príncipe Lvov, Milyukov e Kerensky. Do outro, o governo suplementar, acessório, de fiscalização, encarnado no Soviet de operários e soldados de Petrogrado e apoiado na maioria do povo em armas. Um teria que suprimir o outro.

As bases do partido, que, desde o início, reagiam à orientação semimenchevique dos dirigentes, aprovaram, em toda a linha, as *Teses de abril*. Lenin venceu. E mais ainda: conseguiu o ingresso no partido bolchevique da Organização Interdistrital (Mezhrayonka), que reunia uma plêiade de influentes militantes revolucionários, como A. V. Lunatcharsky, D. B. Ryazanov (1870-1938), M. N. Pokrovsky (1869-1932), A. Yoffe (1883-1927), D. Manuilsky

---

1. *"Grau, teurer Freund, ist alle Theorie und grün des Lebens goldener Baum."* Johann Wolfgang von Goethe, *Faust* 1, Studierzimmer. 2038 f. Mephistopheles.

(1883-1959), M. Uritsky (1873-1918), L. Karakhan (1889-1937), V. Volodarsky (1891-1918) e muitos outros.

O líder desse grupo era Leon Trotsky, que, desde 1905, proclamava a passagem da revolução democrático-burguesa para a etapa do socialismo. Ao contrário do que, na época, disseram Kamenev, Stalin e outros, Lenin não aderiu a essa teoria, mas chegou à mesma conclusão, a partir dos seus próprios pontos de vista. Assim, quando lançou as *Teses de abril*, defendendo a transformação da revolução democrático-burguesa em revolução socialista, e Trotsky aceitou sua teoria de organização, convencido, pela prática, de que só um partido centralizado e disciplinado poderia levar a cabo a insurreição, as barreiras entre os dois desapareceram.

Ambos seriam o cérebro e o fuzil da insurreição de Outubro.

O Estado e a revolução

A amputação da tirania czarista tornou a Rússia o país mais democrático, entre os beligerantes, mas o Governo Provisório não queria nem podia equacionar os problemas da revolução. Nem paz, nem pão, nem terra. Os preços subiam e os capitalistas recusavam o aumento dos salários, que os operários reivindicavam. Apertou-se o racionamento. A Rússia continuava na guerra contra os Impérios Centrais. Os soldados desertavam das frentes de batalha. Operários chocavam-se com os patrões dentro das fábricas e das oficinas. Camponeses pilhavam mansões, celeiros e armazéns. Apossavam-se das terras.

A inquietação generalizou-se. O Governo Provisório, entre a pressão dos aliados da Entente, que exigiam a permanência da Rússia na guerra, e a agitação das massas, balançava no cone da pirâmide. Para que lado rolaria? Em maio, a primeira crise eclodiu. Milyukov, líder dos liberais, renunciou ao cargo de ministro das Relações Exteriores, e o Soviet de Petrogrado votou por um governo de coligação, do qual participariam os socialistas (mencheviques e socialistas-revolucionários), com cinco membros, um total de quinze. Kerensky assumiu o Ministério da Guerra. E o povo continuou sem paz, sem pão, sem terra, as três reivindicações fundamentais que Lenin prometia. E a situação piorou de mês a mês, a tal ponto que, quando se instalou o I Congresso dos Soviets, a 16 de junho, Tsereteli, líder menchevique e membro do Governo Provisório, observou: "Não existe, na Rússia, pelo menos no momento, um único partido que possa dizer: – Dai-nos o poder". Enganou-se, porém.

"Existe um!", exclamou uma voz que emergiu do fundo do auditório. Era a de Lenin. Muitos riram.

Lenin, entretanto, entendia que não chegara o momento de assumir o poder. As palavras de ordem dos bolcheviques "Abaixo a guerra", "Abaixo os 10 ministros capitalistas" e "Todo o poder aos Soviets" – enchiam o ar de Petrogrado. A inquietação crescia. As massas impacientavam-se. Lenin sentia que elas estavam "mil vezes à esquerda de Tchernov e Tsereteli e cem vezes à esquerda" dos bolcheviques. Mas e o resto da Rússia? O problema não era tomar o poder e sim criar as condições para conservá-lo, quando o fizessem. Os bolcheviques precisavam, antes de mais nada, explicar às massas a justeza de sua linha, conquistar a maioria do Soviet de Petrogrado e elevar a consciência das províncias ao nível de radicalização da capital. Tratava-se de impedir que as manifestações das massas transbordassem, prematuramente, numa insurreição. E isto se tornou cada vez mais difícil no correr de junho e nas jornadas de julho.

Milhares de operários e soldados, nos dias 16 e 17 de julho, tomaram a iniciativa e realizaram manifestações armadas, que apresentaram, abertamente, o caráter de sublevação. Os bolcheviques, mais uma vez, atuaram com moderação, de acordo com as diretrizes de Lenin e de Trotsky. A crise agravou-se. O príncipe Lvov deixou o governo e Kerensky assumiu o cargo de primeiro--ministro. O governo de coalizão estourou. E a luta contra os Soviets, tomou, inicialmente, a forma de uma campanha contra Lenin e contra os bolcheviques, acusados de estarem a serviço da Alemanha.

As jornadas de julho, como se celebrizaram os acontecimentos dos dias 16 e 17, coincidiram com as derrotas do Exército russo na

LENIN: VIDA E OBRA

frente de batalha. A direita culpou os bolcheviques. Documentos apareceram a incriminar Lenin como agente da Alemanha. O Governo Provisório baixou ordens de prisão contra ele, Kamenev e Zinoviev e, dias depois, encarcerou Trotsky e diversos militantes que, nos próximos meses, passariam ao primeiro plano dos acontecimentos.

Lenin não se deixou prender. Compreendia sua importância para a revolução e temia que o fuzilassem. A acusação de agente da Alemanha prenunciava a preparação do aniquilamento físico. Mais uma vez, como no tempo do czar, ele buscou refúgio na Finlândia. E ali dedicou parte de seu tempo ao estudo do novo Estado, que se formava através da instituição do Soviet e que constituía a meta imediata da revolução. Esse problema – o problema do Estado e da ditadura do proletariado – atraía há muito tempo as suas atenções. Quando arrebentou a revolução de fevereiro, ainda em Zürich, ele se voltou para os textos de Marx e Engels. Esboçou um opúsculo sobre o *Marxismo e o Estado*, cuja publicação recomendou a Kamenev, admitindo a possibilidade de que o prendessem ou o matassem. Agora, escondido na Finlândia, retomou aquele trabalho e desenvolveu-o num livro, que intitulou *O Estado e a revolução*.

A Lenin coube restabelecer e consolidar, no campo da sociologia e da política, a teoria do Estado, que Marx e Engels elaboraram. "O Estado é o produto e a manifestação do caráter irreconciliável das contradições de classe", afirmou Lenin. Surge "no lugar, no momento e no grau em que as contradições de classe não podem, objetivamente, conciliar-se". Ele é, pois, "um órgão de dominação de classe, um órgão de opressão de uma classe por outra, [...] a criação da ordem que legaliza e afiança esta opressão, amortizando os choques entre as classes".

A divergência com a II Internacional mostrou-se mais profunda, porquanto Lenin considerava o Estado como "produto do caráter irreconciliável das contradições de classe, [...] uma força que está por cima da sociedade e se divorcia cada vez mais da sociedade". E afirmava que "a libertação da classe oprimida é impossível, não só sem uma revolução violenta, como, também, sem a destruição do aparato do poder estatal que a classe dominante criou e no qual toma corpo aquele divórcio". Lenin não admitia o caminho das reformas.

Lenin acentuou a teoria de Marx e Engels, segundo a qual todo Estado, independentemente da forma de governo, representa a ditadura de uma classe, o monopólio da violência, a repressão organizada. A ditadura (ditadura da burguesia, ditadura do proletariado etc.) não significava, necessariamente, um governo despótico, autoritário, como no sentido vulgar da palavra. A ditadura da burguesia, por exemplo, pode revestir-se das mais distintas formas: república democrática, governo pessoal etc. Em qualquer dos casos, porém, a substância do regime será sempre a imposição da vontade social de uma classe, a vontade da burguesia, sobre o proletariado. E esta ditadura toma corpo no Estado, com a sua burocracia, o Exército permanente, a polícia etc.

A república democrática, explicou Lenin, "é a melhor envoltura política de que se pode revestir o capitalismo e, portanto, o capital, ao dominar [...] essa envoltura, que é a melhor de todas, cimenta seu poder de modo tão seguro, que mudança alguma de pessoas, nem de instituições nem de partidos, [...] faz vacilar esse poder". A democracia é uma forma de Estado, isto é, uma forma especial de repressão, de modo que a palavra de ordem de Estado popular livre, lançada por uma corrente de social-democratas na década de 1870, "não possui nenhum conteúdo político, fora de uma filisteia e enfática descrição do conceito de democracia".

A palavra de ordem – Estado popular livre – expressava, no entender de Lenin, "não só o embelezamento da democracia burguesa, mas, também, a incompreensão da crítica socialista de todo Estado em geral". "Nós somos partidários da república democrática, como a melhor forma de Estado para o proletariado sob o capitalismo" – dizia Lenin – "mas não temos nenhum direito de esquecer que a escravidão assalariada é o destino reservado ao povo, inclusive sob a república burguesa mais democrática". E, categoricamente, asseverou: "Todo Estado é uma força especial de opressão da classe explorada. Por isto, todo Estado nem é livre nem popular."

A partir dessa conceituação do Estado, Lenin considerou "o caráter inevitável da revolução violenta". "A substituição do Estado burguês pelo Estado proletário é impossível sem uma revolução violenta" – repetiu. Sim, porque para o proletariado não se trata de apossar-se do velho aparelho de dominação da burguesia, mas de arrebentá-lo, destruí-lo e instaurar a sua própria ditadura, a sua própria organização especial de violência, o seu próprio Estado. Mas, enquanto "as classes exploradoras necessitam da dominação política para manter a exploração, isto é, no interesse egoísta de insignificante minoria, contra a imensa maioria do povo", o proletariado necessita da dominação política "para destruir completamente toda exploração, isto é, no interesse da maioria do povo contra a minoria insignificante dos escravistas modernos, ou seja, dos senhores da terra e capitalistas".

A burguesia instituiu o seu próprio Estado para manter o regime de exploração capitalista. O proletariado, em virtude de seu papel econômico no processo de produção e de sua posição histórica, exercerá a sua ditadura para acabar com esse regime. A burguesia, ao nascer, engendrou o proletariado, ou seja, a sua própria negação. A condição de existência de uma é a condição de existência do outro. Assim, a partir do momento em que o proletariado, utilizando-se do poder político, destrua a burguesia, ele também desaparecerá da sociedade. E esta é a sua libertação. Era o que a teoria prenunciava.

"A doutrina da luta de classes, aplicada por Marx à questão do Estado e da revolução socialista, conduz necessariamente ao reconhecimento da dominação política do proletariado, de sua ditadura, isto é, de um poder não compartido com ninguém e apoiado diretamente na força armada das massas" – esclareceu Lenin. E acrescentou: "O derrocamento da burguesia só pode realizar-se mediante a transformação do proletariado em classe dominante, capaz de esmagar a resistência inevitável e desesperada da burguesia e de organizar, para o novo regime econômico, todas as massas trabalhadoras e exploradas."

A burguesia, para garantir a sua dominação, necessita de um aparelho complicado, com a burocracia e o Exército permanente, que "constituem uma parasita sobre o corpo da sociedade burguesa, uma parasita nascida das contradições internas que dividem esta sociedade, mas, precisamente, uma parasita que tapa os poros vitais". O proletariado, para expropriar a burguesia e vencer a sua resistência, não necessitaria de um aparelho semelhante. O Estado proletário, ou seja, a ditadura do proletariado, não seria um Estado propriamente dito, mas um semiEstado, um Estado em deperecimento, definhando à medida que desaparecessem as classes da sociedade – a burguesia e, consequentemente, o proletariado. O novo Estado e o povo em armas. E, quando a maioria do povo "reprime por si mesma os seus opressores, não é mais necessária uma força especial de repressão. Nesse sentido, o Estado começa a extinguir-se".

Lenin evocou os ensinamentos de Marx e Engels, a Revolução Francesa de 1848 e a Comuna de 1871, esta "uma experiência histórica de grandiosa importância, um passo à frente na revolução proletária mundial, um passo prático mais importante que centenas de programas e raciocínios". A Comuna de Paris, a primeira tentativa de quebrar a máquina burocrático-militar do

Estado burguês e de instauração da ditadura do proletariado, estabelecera a completa elegibilidade e mobilidade dos funcionários, sem exceção e em qualquer momento, reduzindo também seus vencimentos aos limites do "salário corrente de um operário". Tais medidas, juntamente com "a exploração dos expropriadores", ou seja, com a transformação da propriedade privada em propriedade coletiva, representavam um passo para a transformação socialista do Estado.

A questão da ditadura do proletariado – a necessidade do Estado na transição para o socialismo – separou Marx dos anarquistas. Os anarquistas pretendiam a sua abolição imediata. Mas, "nós não discrepamos de modo algum dos anarquistas" – Lenin declarou –

> quanto ao problema da abolição do Estado, como meta final. Afirmamos, sim, que, para alcançar essa meta, é necessário o emprego temporário das armas, dos meios e dos métodos do poder do Estado contra os exploradores. A democracia, com a ditadura do proletariado, adquire nova dimensão. Transforma-se, de um lado, em socialismo e, do outro, reclama o socialismo. Não deixa, no entanto, de representar uma forma de Estado, uma forma de "violência organizada e sistemática". A destruição do Estado significará, pois, "a destruição da democracia", como o Estado que reconhece "a subordinação da minoria à maioria, isto é, uma organização chamada a exercer a violência *sistemática* de uma classe contra outra, de uma parte da população contra outra".

Lenin salientou que os marxistas não esperavam o advento de uma ordem social em que não se acate o princípio da subordinação da minoria à maioria:

Mas, aspirando ao socialismo, estamos persuadidos de que este se converterá, gradualmente, em comunismo e [...] desaparecerá toda a necessidade de violência sobre os homens em geral, toda a necessidade de subordinação de uns homens a outros homens de uma parte da população a outra, pois os homens se habituarão a observar as regras elementares da convivência social sem violência e sem subordinação.

A democracia, na sociedade capitalista, é a "democracia para a insignificante minoria, democracia para os ricos". Porém, a ditadura do proletariado realiza, pela primeira vez, a democracia para os pobres, impondo uma série de restrições à liberdade dos antigos opressores, dos exploradores e dos capitalistas, e pretende "libertar a humanidade da escravidão assalariada". "Democracia para a imensa maioria do povo e repressão, pela força, isto é, exclusão da democracia, para os exploradores, para os opressores do povo, eis a modificação que sofrerá a democracia na transição do capitalismo para o comunismo".

Esta é a essência da ditadura do proletariado, um Estado de transição, "que já não é um Estado no sentido estrito da palavra". Os meios de produção já não pertencem aos indivíduos e sim à sociedade. "Cada membro da sociedade, ao executar certa parte do trabalho socialmente necessário, obtém um certificado de crédito, que lhe garantirá receber dos armazéns públicos uma quantidade correspondente de produtos. Deduzida a quantidade de trabalho, que passa ao fundo social, cada operário, portanto, recebe da sociedade o tanto quanto lhe deu."

Lenin chama a esse período de primeira fase da sociedade comunista. Ainda não há justiça e igualdade: "subsistem as diferenças de riqueza, diferenças injustas, mas já não será possível a exploração do homem pelo homem, posto que não lhe será permitido apoderar-se, a título de propriedade privada, dos meios de produção, das fábricas, das máquinas, das terras etc." Predomina o direito burguês, ou seja, "o direito igual, [...] que, como todo direito, pressupõe a desigualdade". Todo direito, segundo ressaltava Marx, significa a aplicação de medidas iguais para homens diferentes, homens que, na realidade, não são idênticos nem iguais entre si. Assim, a igualdade formal do direito burguês sacramenta uma desigualdade de fato. E esse direito é "uma infração da igualdade e da justiça."

O direito burguês, na primeira fase da sociedade comunista, só desaparece no que se refere à propriedade dos meios de produção. Esta passa à coletividade. A ditadura do proletariado torna-os propriedade comum. Mas aquele direito persiste "como regulador da distribuição dos produtos e da distribuição do trabalho entre os membros da sociedade". Quem não trabalha não come. Para igual quantidade de trabalho, igual quantidade de produtos – eis o lema que presidirá essa primeira fase. Isto, porém, "não é ainda o comunismo nem suprime o direito burguês, que dá uma quantidade igual de produtos a homens que não são iguais e por uma quantidade desigual (desigual de fato) de trabalho".

Lenin expôs:

> A base econômica para a extinção completa do Estado é esse elevado desenvolvimento do comunismo, em que desaparecerá o contraste entre trabalho intelectual e trabalho manual, desaparecendo, por conseguinte, uma das fontes mais importantes de desigualdade social moderna, fonte de desigualdade que não se pode suprimir de nenhum modo, repentinamente, com a simples passagem dos meios de produção à propriedade social, com a simples expropriação dos capitalistas.

Lenin anteviu que essa expropriação possibilitaria o desenvolvimento das forças produtivas em proporções gigantescas. E ponderou:

E, vendo como já hoje o capitalismo entorpece incrivelmente esse desenvolvimento e quanto poderíamos avançar a base da técnica atual, já conseguida, temos direito de dizer, com a mais absoluta convicção, que a expropriação dos capitalistas imprimirá, inevitavelmente, um desenvolvimento gigantesco às forças produtivas da sociedade humana. O que não sabemos nem podemos saber é a rapidez com que avançará esse desenvolvimento, a rapidez com que decorrerá até romper com a divisão do trabalho até suprimir o contraste entre o trabalho intelectual e o trabalho manual, até converter o trabalho em "primeira necessidade da vida".

Segundo Lenin, o Estado só desapareceria, completamente, quando a sociedade se orientasse pela norma: de cada um, segundo sua capacidade; a cada um, segundo as suas necessidades. E, pela primeira vez na história da humanidade, haveria liberdade. "Enquanto existe Estado, não existe liberdade. Quando houver liberdade, não haverá Estado."

A arte da insurreição

A repressão contra os bolcheviques, desencadeada após as jornadas de julho, abriu o caminho à contrarrevolução. Os embaixadores da Entente conspiraram com os generais e os líderes políticos da direita, inclusive os representantes do partido liberal, os Kadetii, para o esmagamento dos Soviets e a instauração de um governo forte. Um governo forte, que restabelecesse a ordem na retaguarda, restaurasse a disciplina das tropas e prosseguisse na guerra. As esperanças repousavam no general Lavr Kornilov (1870-1918), comandante em chefe do Exército, que, no dia 9 de setembro de 1917, marchou com suas forças sobre Petrogrado. Era, logicamente, o desdobramento da reação da extrema-direita. Depois dos radicais, os bolcheviques, chegaria a vez dos moderados, os mencheviques e socialistas-revolucionários. Todos seriam esmagados.

Kerensky estava na conspiração com o general Lavr Kornilov. Mas ao receber a informação que ele queria o poder para si próprio e o eliminaria, Kerensky recuou e, a fim de derrotar o general Kornilov, apelou para os Guardas Vermelhos, operários, soldados e marinheiros, que, havia menos de dois meses, se levantaram contra seu Governo Provisório. Os bolcheviques ganharam as ruas. Kornilov perdeu a batalha. Trotsky e outros líderes da esquerda saíram da prisão. E, da mesma forma que a reação provocada pelas jornadas de julho desembocou na tentativa contrarrevolucionária do Kornilov, a derrota do golpe embalou a revolução que levaria os bolcheviques ao poder.

Os Kadetii renunciaram ao governo. Não apoiavam nem aceitavam a atitude de Kerensky contra o general Kornilov. Os mencheviques e socialistas-revolucionários, também, mas por saberem da participação de Kerensky no *complot* contra os Soviets e no intento de golpe do general Kornilov. A coligação mais uma vez voou pelos ares. O governo dificilmente se equilibrava no cone da pirâmide. E, no Soviet de Petrogrado, produzia-se a mutação: os bolcheviques conquistaram a maioria, derrubaram a direção dos mencheviques e, em 24 de setembro, elegeram Trotsky presidente, como em 1905, para substituir Chkheidze.

Lenin, do seu esconderijo na Finlândia, sentiu que o momento da insurreição se aproximava. Sabia que, nos tempos de crise, as massas aprendem mais rapidamente. As crises têm valor pedagógico. Uma semana de acontecimentos vale mais que anos e anos de rotina e calmaria. Aí começava a luta (a segunda no mesmo ano) contra seus companheiros de partido, que não percebiam a mudança de situação e a necessidade de partir para a tomada do poder, através da ação armada. Agora precisaria quebrar, definitivamente, o aparelho burocrático-militar da classe hegemônica, derrubar o Governo Provisório, transferir todo o centro de decisões para o Soviet de Petrogrado. Os Soviets, que se espalhavam por toda a Rússia, representavam o embrião do novo Estado, o Estado-Comuna, que os franceses experimentaram em 1871, o órgão da ditadura do proletariado. Lenin impacientava-se. Antes, em julho, era cedo... Amanhã poderia ficar tarde demais. O partido deveria agir o mais rapidamente possível, aproveitando a nova maré das revoltas camponesas, a modificação no estado de espírito dos trabalhadores (que se voltavam em massa para os bolcheviques) e a crescente inquietação no Exército.

O VI Congresso do POSDR, que se realizou entre 8 e 16 de agosto, ratificou a política de Lenin, delineada nas *Teses de abril*. Era o primeiro desde o congresso de Londres, em 1907. Aceitou a integração dos *merzrayonti* (os interdistritais) e elegeu Trotsky para o Comitê Central. Trotsky partilharia com Lenin a liderança da revolução e encarregar-se-ia de dirigir, como presidente do Soviet de Petrogrado e do Comitê Militar Central Revolucionário, o avanço do partido para a tomada do poder.

Nem todo o Comitê Central, porém, aceitou os rumos que Lenin procurava imprimir ao partido, orientando-o para a insurreição. Zinoviev e Kamenev consideravam aquela posição aventureira, um risco para a revolução, e chegaram a propor ao Comitê Central que a rechaçasse perante as bases. Os demais dirigentes vacilavam e, se não endossavam as críticas de Kamenev e Zinoviev, também não adotavam as opiniões de Lenin.

O monolitismo e a falta de liberdade nas discussões jamais existiram enquanto Lenin viveu. Lenin vencia pela força de seus argumentos, nunca pela intimidação e pela autoridade burocraticamente construída. Os fatos, que se desenrolaram em torno dos debates sobre a insurreição, na verdade um prolongamento das resistências às *Teses de abril*, testemunharam o clima que reinou no partido e evidenciaram um estilo de liderança. Kamenev e Zinoviev levaram aquelas controvérsias às vésperas da insurreição, denunciando, praticamente, os planos do partido. Lenin exigiu que o Comitê Central os expulsasse. Mas ninguém o apoiou. Stalin, na *Pravda*, defendeu os motivos de Kamenev e de Zinoviev e, numa reunião do Comitê Central, manifestou-se contrário à expulsão dos dois. Kamenev renunciou, mas, logo em seguida, tanto ele quanto Zinoviev voltaram à primeira fila do partido, da insurreição e do Estado soviético. E Lenin esqueceu o episódio.

O Comitê Central vacilou e a sua posição, no caso de Zinoviev e Kamenev, denunciou a relutância de seus membros em seguir o caminho da insurreição. Lenin, naqueles dias, somente contava com um apoio de peso, o de Trotsky, embora discrepassem quanto ao momento da ação. Lenin temia que o partido deixasse passar a oportunidade e sobreviesse nova tentativa de contrarrevolução, como a do general Kornilov, com maiores chances de triunfo. O partido deveria assumir a responsabilidade pelo empreendimento e, se não pudesse iniciá-lo em Petrogrado, que o fizesse em qualquer outra província, até mesmo na Finlândia, para depois convergir sobre a capital. Trotsky pretendeu que o levante coincidisse (ou mesmo ocorresse um pouco antes) com o II Congresso dos Soviets, em cujo nome se realizaria, para entregar-lhe o poder. Marcou-se a data para a 7 de novembro (25 de outubro, segundo o antigo calendário) de 1917. E assim realmente aconteceu.

O que caracterizou o pensamento de Lenin foi a valorização da consciência e da vontade, no processo da revolução. O determinismo, quintessência do materialismo dialético, não se confunde com o fatalismo. As contradições do capitalismo conduzem a humanidade para o socialismo. Ou para o caos. Uma crise do sistema pode terminar com a vitória da revolução ou da contrarrevolução. O homem pode antecipar ou retardar os acontecimentos. Mas não basta que uns já queiram, é necessário que os outros já não tenham mais condições de sustentar o *statu quo* vigente. Aí as condições estão maduras para a insurreição. E não se deve esperar que ela, espontaneamente, ocorra. É necessário, portanto, aproveitar as circunstâncias favoráveis para promovê-la.

A formação do partido, com a sua própria ideologia e o seu próprio programa, o socialismo, constitui, na teoria de Lenin, o primeiro gesto de autodeterminação do proletariado como *classe para si*, isto é, consciente dos seus próprios interesses, ainda dentro dos quadros do capitalismo. Ele não contestará apenas esse ou aquele governo, porém todo o regime, lutando para assumir a hegemonia política, na sociedade, e instaurar sua ditadura. A insurreição será o ato consciente da vontade organizada do proletariado. Isto não quer dizer que ela possa resultar apenas dessa vontade, sem que o processo objetivo (o conflito das forças de

LENIN: VIDA E OBRA

produção com as relações de propriedade) a torne historicamente necessária. Lenin compreendeu que chegara o *momentum* político de um processo social, que não podia perder a oportunidade. Impacientou-se. E insistiu para que o partido tomasse a iniciativa.

Lenin mais uma vez retomou os ensinamentos de Marx e Engels e desenvolveu a teoria da insurreição: a insurreição como arte. Abordou o problema em 1905, quando a revolução estava no auge, e voltou a debatê-lo, exaustivamente, em 1917, bombardeando o Comitê Central com as suas cartas:

> Acusar os marxistas de blanquismo, porque concebem a insurreição como arte: Existe falsidade mais patente, quando nenhum marxista nega que foi o próprio Marx que se pronunciou de modo mais concreto, mais claro e mais irrefutável sobre esse problema, dizendo, precisamente, que a insurreição é uma arte, que se deve tratá-la como tal, que é necessário conquistar um primeiro triunfo e seguir logo avançando de um a outros, sem interromper a ofensiva contra o inimigo, aproveitando-se de sua confusão etc. etc.?

Lenin escreveu essas linhas numa carta ao Comitê Central do partido, mais tarde publicada sob o título de *O marxismo e a insurreição*. Explicou, no mesmo documento, que, "para poder triunfar, a insurreição não deve apoiar-se em uma conjuração, em um partido, porém na classe mais avançada", "no auge revolucionário do povo", e aproveitar aquele momento de reviravolta na história da revolução ascensional, em que a atividade da vanguarda do povo seja maior e maiores sejam as vacilações nas fileiras dos inimigos. Essas condições – dizia – distinguem o marxismo do blanquismo e, se elas existem, não tratar da insurreição como arte "equivale a trair o marxismo e a trair a revolução". Lenin havia observado, em 1915, que nem toda situação revolucionária conduzia à insurreição e que, para efetivá-la, não bastava que as classes baixas não quisessem viver ao modo antigo; era necessário que as classes altas também fossem incapazes de viver ao modo antigo, *i.e.* manter o *statu quo*.[1]

A insurreição, durante as jornadas de julho, representaria um erro, conforme a sua opinião, de por que os bolcheviques não poderiam manter-se no poder. Os operários e soldados não estavam dispostos "a lutar e a morrer pela conquista da capital: faltava-lhes a exasperação, o indispensável ódio fervente tanto contra Kerensky como contra Tsereteli e Viktor Tchernov" (1873-1952). As tropas das províncias, antes da sublevação de Kornilov, podiam marchar e marchariam sobre Petrogrado.

O partido – mostrou Lenin desde 1905 – não cria uma revolução, que decorre de fatores históricos, da mesma forma que não faz o movimento operário. Mas, se possui suficiente força, e existem condições, pode escolher o momento da insurreição, como pode marcar a data de uma greve, mas é preciso que elas estejam historicamente maduras. A insurreição constitui uma fase particular da revolução, a da conquista do poder político. E chegara a hora. Disse:

---

1. *"We shall certainly not be mistaken if we indicate the following three major symptoms: (1) when it is impossible for the ruling classes to maintain their rule without any change; when there is a crisis, in one form or another, among the 'upper classes', a crisis in the policy of the ruling class, leading to a fissure through which the discontent and indignation of the oppressed classes burst forth. For a revolution to take place, it is usually insufficient for "the lower classes not to want" to live in the old way; it is also necessary that 'the upper classes should be unable' to live in the old way; (2) when the suffering and want of the oppressed classes have grown more acute than usual; (3) when, as a consequence of the above causes, there is a considerable increase in the activity of the masses, who uncomplainingly allow themselves to be robbed in 'peace time', but, in turbulent times, are drawn both by all the circumstances of the crisis and by the 'upper classes' themselves into independent historical action. Without these objective changes, which are independent of the will, not only of individual groups and parties but even of individual classes, a revolution, as a general rule, is impossible. The totality of all these objective changes is called a revolutionary situation"*. Lenin, 1964, vol. 21, pp. 205-59; Lenin, 1960, Band 21, p. 206; Lenin, 1979, pp. 28-29.

LENIN: VIDA E OBRA

Se [...] concentrarmos toda a nossa fração nas fábricas e nos quartéis, poderemos escolher o momento certo para começar a insurreição [...] É necessário que, ao mesmo tempo e sem perder um minuto, organizemos um Estado-Maior dos destacamentos da insurreição, distribuamos as forças, lancemos os regimentos de confiança contra os pontos mais importantes, cerquemos o Teatro Aleksandr e tomemos a fortaleza de Pedro e Paulo, detenhamos o Estado-Maior Central e o governo, enviemos contra os alunos das escolas militares e contra a Divisão Selvagem de Cossacos[2] tropas dispostas antes a morrer que a deixar o inimigo abrir passagem para o centro da cidade.

Lenin recomendou a ocupação das Centrais de Telégrafos e de Telefones, a instalação do Estado-Maior da insurreição na Central de Telefones, em contato com todas as fábricas, todos os regimentos e todos os pontos da luta armada. "Tudo isto, naturalmente, como simples orientação, como exemplo de que, nos momentos atuais, não se pode ser fiel ao marxismo, à revolução sem considerar a insurreição como arte."

Engels, na sua obra *Revolution und Konterrevolution in Deutschland*, escrita em 1852, já havia acentuado que a insurreição é uma arte e da mesma forma que a arte da guerra ou qualquer outra arte, subordinada a determinadas regras e procedimentos,[3] e advertiu que não se devia jogar com as insurreições, a não ser que se contasse com os meios necessários para enfrentar as consequências.[4]

---

2. Os artigos e cartas, que escreveu nessa época, compõem o livro publicado sob o título *No caminho do poder*.
3. *"Nun ist der Aufstand eine Kunst, genau wie der Krieg order irgendeine anderen Kunst, un gewissen Regelns unterworfen, deren Vernachlässigung zum Verderben der Partei führt, die sich ihrer schuldig marcht."* Friedrich Engels, *Revolution und Konterrevolution in Deutschland*, in *Karl Marx e Friedrich Engels*, Band 8, Berlin: Dietz Verlag, 1982, p. 95.
4. Ibidem, p. 95.

No dia 21 de outubro, dois dias antes da decisão do levante, tomada pelo Comitê Central, com a sua presença, Lenin escreveu a carta que se celebrizou como os *Conselhos de um ausente*. "[...] A insurreição armada é um aspecto *especial* da luta política, submetido a leis especiais, que se deve analisar profundamente", afirmava, repetindo as regras que Marx e Engels expuseram:

1. Não *brincar* jamais com a insurreição e, uma vez começada, saber firmemente que é preciso levá-la ao fim.
2. Concentrar no lugar e no momento decisivo forças muito superiores às do inimigo; do contrário, este, melhor preparado e organizado, aniquilará os insurretos.
3. Uma vez começada a insurreição, proceder com a maior decisão e passar forçosa e infalivelmente à *ofensiva*. "A defensiva é a morte da insurreição armada."
4. Esforçar-se para surpreender o inimigo aproveitando o momento em que as suas tropas se achem dispersas.
5. Esforçar-se para obter êxitos diários, ainda que sejam pequenos (inclusive poderia dizer a cada hora, se se trata de uma só cidade), mantendo a todo custo a superioridade moral.

"Audácia, audácia e sempre audácia", estas palavras de George Jacques Danton (1759-1793),[5] que Marx e Engels citaram em *Revolução e contrarrevolução na Alemanha*, Lenin repetiu. Esboçava, naquela carta, o esquema geral da insurreição que Trotsky, de 6 para 7 de novembro, executaria.

---

5. Frase de George Jacques Danton, em discurso pronunciado na Assembleia Legislativa, em 2 de setembro de 1792: "*l'audace, encore de l'audace, toujours de l'audace*". Danton morreu guilhotinado em 5 de abril de 1794 (16 Germinal).

Combinar nossas três forças principais, a esquerda, os operários e as unidades de tropa, de modo que, por cima de tudo, possamos ocupar e conservar, qualquer que seja o número de baixas que isto nos custe: a) a Central de Telefones; b) a Central de Telégrafos; c) as estações ferroviárias e d) as pontes.

"Antes perecer todos que deixar passar o inimigo" – esta era a palavra de ordem dos destacamentos de combate, que se encarregariam daquelas missões. "O triunfo da Revolução Russa e da revolução mundial depende de dois ou três dias de luta."

O sentido da urgência, à medida que os dias e as horas se passavam, aguçava-se em Lenin, e ele, esta vez em 6 de novembro, data em que o Comitê Militar Revolucionário iniciou a conquista do poder, repetiu, em outra carta: "Não se pode esperar!! Expomo--nos a perder tudo!!" Não importava em nome de quem se fizesse a insurreição. O que importava era a conquista do poder. Escondido na Finlândia, sem participar diretamente dos preparativos, temia uma protelação do Comitê Central e do Comitê Militar Revolucionário. E apelou para as bases.

Era necessário que todos os distritos, todos os regimentos, todas as forças fossem imediatamente mobilizadas e que enviassem sem demora delegações ao Comitê Militar Revolucionário e ao C. C. do partido bolchevique, exigindo insistentemente: não deixar de modo algum o poder em mãos de Kerensky até o dia 7 de novembro (25 de novembro, pelo calendário juliano), de modo algum.

A situação deveria decidir-se "esta tarde ou esta noite". "A história não perdoará nenhuma dilação aos revolucionários que hoje podem triunfar (e que triunfarão hoje com toda a segurança) e que amanhã correrão o risco de perder muito, talvez de perder tudo." O maior dos erros seria deixar que o momento passasse. "O governo vacila. É preciso *acabar* com ele custe o que custar!"

Lenin agarrou a história entre os dedos.

O retardamento da ação equivalia à morte.

Outubro

Seis de novembro de 1917. Na Rússia atrasada, o calendário marcava 24 de outubro. Kerensky, num ato de desespero, decretara a prisão dos dirigentes do Soviet de Petrogrado e mandara fechar a imprensa bolchevique. Trotsky, ao saber da notícia, enviou uma companhia de carabineiros e sapadores para guardar a sua redação e as suas oficinas. Era o sinal da batalha. Iniciava-se a operação que mudaria a face do mundo.

Soldados do regimento Kelksholm, às 17 horas, ocuparam a central dos correios e telégrafos. Tropas da guarnição de Petrogrado e marinheiros da frota do Báltico tomaram posição ao longo das pontes que ligavam a capital aos subúrbios. De 6 para 7 de novembro, operários, soldados e marinheiros, divididos em pequenos grupos, deslizaram pela madrugada, transferindo o poder do governo de Kerensky para as mãos do Comitê Militar Revolucionário. Usinas e energia elétrica, centrais telefônicas, estações ferroviárias, armazéns, arsenais, tipografias, o banco oficial, enfim, todas as bases materiais do Estado e da ordem instituída caíam nas suas mãos. Sem sangue e sem barulho.

Lenin chegou ao Instituto Smolny, antiga escola para as moças da aristocracia e agora convertida em sede do Soviet de Petrogrado e do Comitê Militar Revolucionário, às 22 horas e 45 minutos do dia 6. Usava peruca, maquilagem e a identidade de K. P. Ivanov, operário. Estivera 111 dias na clandestinidade, desde os episódios de 16-17 de julho.

Não compreendeu, no primeiro momento, o que se passava. Encontrou as ruas calmas, quando fazia o percurso do bairro de Viborg, onde se escondera nos últimos dias, até a sede do Soviet de Petrogrado. Ainda temia que os dirigentes do partido e do Comitê Militar Revolucionário, por qualquer motivo, houvessem postergado o levante. Suas preocupações somente se desvaneceram quando, no epicentro do redemoinho, ouviu o informe de Trotsky e viu a intensa atividade que ali se desenvolvia.

O Comitê Militar Revolucionário, às 10 horas da manhã do dia 7, comunicou ao mundo: o Governo Provisório não mais existia. Kerensky fugira num carro da embaixada dos Estados Unidos. Alguns dizem que disfarçado de mulher. Seus ministros o esperaram em vão no Palácio de Inverno, único reduto que, na manhã do dia 7, ainda não estava sob controle do Comitê Militar Revolucionário. Os bolcheviques tentavam a todo custo evitar o derramamento de sangue. À tarde, às 14 horas e 35 minutos, iniciou-se uma sessão extraordinária do Soviet de Petrogrado e Trotsky, depois de apresentar seu informe, introduziu Lenin na sala, sob estrondosa ovação.

Lenin falou – "As massas oprimidas formavam agora o governo. Quebraram e destruíram o Estado da burguesia, para criar um novo aparelho administrativo, sob a forma dos Soviets". Começava uma nova era na Rússia e a terceira revolução conduziria, final-mente, à vitória do socialismo. O novo governo firmaria a paz. Os operários controlariam a indústria e os camponeses ocupariam as terras. Viva a revolução socialista mundial.

Naquela noite, Lenin deitou-se ao lado de Trotsky, sobre o chão de uma das salas do Smolny. "A transição da ilegalidade ao poder, diretamente, é violenta" – disse-lhe. E acrescentou: "Estou ator-doado." Usou uma palavra alemã e fez o gesto com a mão. Pouco depois, às 10h45, Fyodor I. Dan, um dos líderes mencheviques, abriu o II Congresso dos Soviets. O Palácio de Inverno ainda não

LENIN: VIDA E OBRA

se rendera. Trotsky ordenara que o cruzador *Aurora,* ancorado no estuário do Neva, desse tiros de festim, a fim de intimidar os ministros que lá se refugiavam, defendidos pelos cadetes da Escola Militar e pelas mulheres do Batalhão da Morte. E, às 21h45, a artilharia pesada da fortaleza de Pedro e Paulo abriu fogo e os Guardas Vermelhos principiaram o assalto. O Palácio de Inverno somente depôs as armas às 2h10 da madrugada do dia 8.

Os mencheviques, pálidos, trêmulos, escutavam os tiros, no Smolny. Gritaram. Protestaram. Trotsky assomou à tribuna. Implacável, cruel. Apontou os vencidos: "Sois uns miseráveis indivíduos isolados. Estais em bancarrota. Desempenhastes o vosso papel. Ide para o lugar que vos pertence: para o monturo de lixo da história."

Martov, seu velho amigo, estava entre os vencidos.

Lenin apareceu no Congresso, debaixo de uma tempestade de aplausos. Segurou nos bordos da tribuna e seus olhos, pequenos e penetrantes, percorreram aquela massa de operários e camponeses fardados, os soldados e os marinheiros. A ovação durou alguns minutos e ele, desinteressadamente, esperou que terminasse. E disse:

– Agora passemos à edificação do socialismo.

Não havia nas suas atitudes nem arrogância nem vaidade. Era modesto. O Comitê Militar Revolucionário, começando a governar, aboliu a pena de morte no Exército, restabeleceu a liberdade de agitação e propaganda, libertou todos os soldados e oficiais detidos por motivos políticos, confiscou os estoques de gêneros de primeira necessidade e ordenou a prisão de Kerensky.

E, da tribuna do Smolny, Lenin leu a *Proclamação aos povos e aos governos de todos os países beligerantes*, propondo a abertura de negociações para o estabelecimento de uma paz democrática e justa, paz imediata e sem anexações, isto é, sem conquista de territórios de outros países, sem a submissão violenta de populações de outras nacionalidades e sem indenizações. As conversações realizar-se-iam à luz do dia. O governo dos Soviets acabou com a diplomacia secreta, publicaria todos os decretos assinados até 7 de novembro, a denunciar todas as cláusulas que visavam a proporcionar vantagens e privilégios aos grandes proprietários de terras e capitalistas, a manter e a aumentar as anexações empreendidas pelo Império Russo.

Lenin dirigiu-se, particularmente, aos operários das três nações mais adiantadas: Alemanha, Inglaterra e França. Não podia, sem dúvida, ignorar os beligerantes, porquanto essa atitude atrasaria a possibilidade de concluir a paz em separado com a Alemanha, conforme era sua verdadeira intenção. Sabia que eles se oporiam àquela proposta. Mas a República dos Soviets não dava às suas condições um caráter de *ultimatum*. Estava disposta a examinar todos os oferecimentos que se lhe fizessem e a negociar por todos os meios para sair do conflito.

E a um delegado, que o criticou, disse:

– Queremos uma paz justa. Mas não receamos uma guerra revolucionária.

O governo de operários e camponeses também aboliu a propriedade privada da terra. Lenin escrevera o decreto, durante a noite, e seu conteúdo resumia-se em uma linha: "A propriedade privada da terra fica abolida, imediatamente, sem qualquer indenização." Todas as grandes propriedades de terras, as terras pertencentes à coroa, aos monastérios, à igreja, inclusive o gado, os equipamentos agrícolas e os edifícios com todas as suas dependências, passariam ao controle dos comitês agrários e dos Soviets de camponeses. Os tribunais revolucionários julgariam como grave delito todos os danos à propriedade confiscada. As terras dos camponeses e dos cossacos, que serviam como soldados no Exército, escapavam à nacionalização.

O novo governo constituiu-se. Os ministros chamar-se-iam comissários: comissários do povo. Sugestão de Trotsky, inspirando-se na Revolução Francesa. Lenin ocuparia a presidência do Conselho dos Comissários do Povo, o *Sovnarkom*. E as demais pastas assim se distribuíam: Exterior, L. D. Trotsky; Interior, I. Rikov; Trabalho, Chliapnikov; Agricultura, V. P. Miliutin; Guerra e Marinha, Antonov-Ovssenko, N. V. Krylenko e R. M. Dybenko; Comércio, V. P. Noguin; Instrução Pública, A. V. Lunatcharsky; Finanças, I. I. Stepanov; Justiça, G. I. Lomov; Abastecimento, I. A. Teodorovitch; Correios e Telégrafos, N. P. Gliebov; Nacionalidades, Y. V. Stalin.

Lenin ofereceu a Trotsky, presidente do Soviet de Petrogrado e do Comitê Militar Revolucionário, a chefia do governo. Trotsky rechaçou e não permitiu que se discutisse o assunto. Aquele cargo pertencia a Lenin. A ausência de ambição pessoal e a humildade marcavam o comportamento de ambos. Uma revolução daquela grandeza não se faz sem muita renúncia. Purifica os homens. Em *Dez dias que abalaram o mundo*, contou o jornalista John Reed, testemunha da revolução, que, naquela noite, não houve um só crime nem um único roubo. Operários, soldados e marinheiros, sentados ao redor das fogueiras, montavam guarda na cidade. Fazia frio. O povo estava em armas.

A insurreição triunfara, praticamente, sem derramamento de sangue, sem muitas vítimas. Armada, porém. Como um ato de força e de violência. E não poderia sê-lo de outro modo. Se a ela não precederam combates de rua, barricadas, manifestações, greves de massas, enfim, tudo o que se relaciona, geralmente, com a ideia de um levante popular, isto não significava que as classes hegemônicas largariam o poder sem resistência. Se a guerra civil não valeu como prólogo, valeria como epílogo. Seus elementos estavam na dualidade do poder e manifestaram-se nas jornadas de julho e na sublevação de Kornilov. E a guerra civil nada mais é do que a dualidade de poder configurada, pela força das armas, na geografia.

O Poder Soviético precisava consolidar o poder e estendê-lo ao resto do país. A contrarrevolução encorpava-se. Os mencheviques e socialistas-revolucionários exigiam um governo de coalizão com os bolcheviques, mas... sem Lenin e Trotsky. A burocracia de dezesseis ministérios entrou em greve. Sabotagem. Boicote. Os *junkers*, filhos da aristocracia que estudavam na academia militar, desencadearam a luta nas ruas de Petrogrado. As agências de notícias das potências imperialistas despejavam pela imprensa mundial uma torrente de calúnias e de mentiras, numa campanha de deformação e desinformação contra o Poder Soviético. A insurreição – difundiam – não passava de manobra do kaiser para retirar a Rússia da guerra e aliviar uma de suas frentes de batalha: Lenin e os bolcheviques estariam a soldo da Alemanha. E, a 30 quilômetros de Petrogrado, em Gatchina, Kerensky deflagrou o grito da guerra civil. O mesmo fazia Aleksey Maximovich Kaledin, o *ataman* dos cossacos do Don.

Naquele momento, abordado por um jornalista estrangeiro, Trotsky exclamou:

– A única declaração possível agora é a que fazemos pela boca dos canhões!

E o sangue, durante três anos, banhou o território da Rússia.

A guerra revolucionária

O Poder Soviético, nos dias e nos meses que se seguiram à insurreição, enfrentou uma avalanche de problemas, tanto de ordem interna como de ordem externa. Aboliu a propriedade privada de terra, decretou o controle operário sobre a indústria e o comércio, nacionalizou todos os bancos e todas as sociedades anônimas, mas nenhum país passa por uma convulsão, como a que sofria a Rússia, sem que não se ressinta, profundamente, a sua produção. Todo o sistema de abastecimento das cidades se desorganizou. A fome ensaiava naturalmente ampliar sua frente de batalha. A bebida e os saques desintegravam os regimentos. O governo teve que aumentar as medidas de repressão para conter o terror que, internamente, os contrarrevolucionários (os *brancos*) impunham. Suprimiu a Assembleia Constituinte que ele próprio convocara. Estava em pauta a própria sobrevivência do Poder Soviético. Porém, o esmagamento da democracia política, que Lenin e Trotsky empreenderam, a alegar que suas instituições eram demasiadamente pesadas, Rosa Luxemburg, que saudara a Revolução Russa como *"das gewaltigste Faktum"* ("o mais poderoso *factum*" da Guerra Mundial), condenou, por considerar o remédio inventado por eles pior do que o mal que pretendiam curar.

Entrementes, urgia o estabelecimento da paz com a Alemanha, à medida que a guerra civil se intensificava, apoiada pelos aliados da Entente. E as negociações, logo em 2 de dezembro de 1917, começaram na localidade de Brest-Litovsk. Lenin teve que lutar, dentro do Comitê Central, contra a fração dos que preconizavam a guerra revolucionária, liderada por Bukharin. Em abril, quando chegou a Petrogrado, e em outubro, quando pregara a insurreição contra Kerensky, bateu-se contra a direita do partido. Agora o problema surgia do outro lado, da esquerda, e Trotsky, comissário do povo para os Assuntos Exteriores, adotou, para conciliar, uma atitude de mediação, que se traduzia na seguinte fórmula: "Nem paz nem guerra." O Poder Soviético não assinaria a paz, mas não faria a guerra. Ganharia tempo até que a revolução estourasse na Alemanha.

Esta fórmula, conciliando as posições que fraturavam o Comitê Central, venceu. Trotsky seguiu para Brest-Litovsk e transformou a sala das conversações numa tribuna de propaganda, de onde falava para todo o mundo, a pregar a revolução socialista. Os alemães cansaram. Reiniciaram a ofensiva e ocuparam, em poucos dias, grande parte do território da Rússia.

Lenin só conseguiu que seu ponto de vista, o da paz imediata, prevalecesse (e ainda assim por um voto, o de Trotsky) depois que, mais uma vez, ameaçou renunciar à direção do partido e do governo, para recorrer às bases. Esse episódio mostrou a amplitude da democracia interna que, àquele tempo, restava nas fileiras bolcheviques. Ele, mesmo depois de construir o partido, comandar a revolução e fundar um Estado, ainda ficava em minoria. Não só havia plena liberdade de discussão. O próprio Lenin estimulava e sustentava o direito de seus companheiros dele divergirem. E a tal ponto que, quando Bukharin e outros comunistas de esquerda mais intransigentes renunciaram aos seus cargos, depois de derrotados, ele procurou de todas as formas dissuadi-los daquele gesto.

Todos os bolcheviques, a começar por Lenin e Trotsky, tinham os olhos voltados para a revolução na Europa, principalmente na Alemanha, França e Inglaterra, pelo alto desenvolvimento que o capitalismo atingiu naqueles países. A revolução na Alemanha parecia mais iminente e para precipitá-la os comunistas de esquerda defendiam a guerra revolucionária. Além do mais, nas suas considerações, pesava o receio de que a assinatura de uma paz em separado com a monarquia dos Hohenzollern reforçasse a acusação de que os bolcheviques agiram como agentes da Alemanha e isto prejudicasse a imagem do Poder Soviético perante o proletariado europeu, enturvando ainda mais a sua consciência revolucionária. Trotsky também participava desse receio, mas julgava que a Rússia não aguentaria a continuação da guerra, razão pela qual sustentou a tese de que os bolcheviques deveriam retardar ao máximo as negociações e só assinar o tratado de paz diante das baionetas. O proletariado europeu compreenderia que não lhes restava alternativa.

Stalin tinha uma visão mais realista. "Na Europa" – argumentou – "não há movimento revolucionário: não há fatos, apenas potencialidades." Acompanhou Lenin, defendeu e votou pela paz em separado, embora considerasse que a fórmula de Trotsky, a conciliar as opiniões, proporcionou uma saída para a crise do partido e do governo. Isto não o impediu de transformar, posteriormente, o episódio de Brest-Litovsk em peça de acusação na luta contra Trotsky.

Lenin, na verdade, nunca perdeu a perspectiva da revolução mundial. E era dentro dessa perspectiva que concebia a revolução na Rússia. "A Europa leva a revolução em suas entranhas" – dissera em janeiro de 1917 para a juventude operária da Suíça. E a própria resolução sobre a insurreição armada, redigida por ele e aprovada pelo Comitê Central, do POSDR, na histórica reunião de 23 de outubro de 1917, tomara como ponto de partida a situação internacional da Revolução Russa, a sublevação da frota alemã e a "marcha ascendente, em toda a Europa, da revolução socialista mundial".

A 3 de março de 1918, diante das baionetas, o Poder Soviético assinou o Tratado de Brest-Litovsk, a paz em separado, depois de perder grande faixa do seu território. Dias depois, entre 6 e 8, reuniu-se o VII Congresso do POSDR, que passou desde então a chamar-se Partido Comunista da Rússia (bolchevique) e aprovou o acordo com a Alemanha. No dia 13, começou a mudança do governo soviético e da direção do partido para Moscou, que substituía Petrogrado como capital da Rússia.

Ali ficariam a salvo de um ataque de surpresa dos alemães. E, entre 15 e 17 do mesmo mês, realizou-se o IV Congresso dos Soviets, quando se discutiu o Tratado de Brest-Litovsk e a ala esquerda dos socialistas revolucionários abandonou o governo, do qual participava em coligação com os bolcheviques. Trotsky deixou o Comissariado do Povo para os Assuntos Exteriores e assumiu o Comissariado do Povo para a Guerra e a presidência do Conselho Supremo da Guerra.

A paz que Lenin havia esperado e prometido não chegou com o Tratado de Brest-Litovsk. A guerra civil ganhou proporções e, àquela altura, contava com o apoio da intervenção militar dos países da Entente e de outras nações. Os japoneses desembarcaram em Vladivostok. Os turcos tomaram Batum. Os alemães ocuparam Karkov, Tagantog, Rostov – sobre o Don, toda a Ucrânia e a Crimeia. Os contrarrevolucionários, comandados por Mannerheim, derrubaram os bolcheviques na Finlândia. Os tchecoslovacos, apoiados pela França, sublevaram-se, ocuparam o Volga Central, espalharam a contrarrevolução pelo Transvolga, os Urais, a Sibéria, o Extremo Oriente, e conquistaram Novo-Nikolayvesk, Tcheliabirtk, Penza, Omsk, Samara, Ufa, Simbirsk, Ekaterimburg e Kazan. Os alemães ocuparam Poti com a cumplicidade dos mencheviques que governavam a Geórgia. Ingleses e franceses desembarcaram em Murmansk.

Em meio a essa ofensiva, a 5 de julho, o V Congresso dos Soviets proclamou a Constituição da República Socialista Federativa Soviética da Rússia. A situação interna, porém, cada vez mais se agravou. A esquerda dos socialistas-revolucionários fazia agitação em favor da guerra revolucionária com a Alemanha e dois militantes daquela facção *narodniki*, Yakov Grigorevich Blumkin (1898-1929) e Nikolaj Andreev, funcionários da Tcheca (organização de segurança e inteligência criada pelo Poder Soviético para combater a contrarrevolução), e orientados por Mariya Aleksandrovna Spiridonova (1884-1941), assassinaram o embaixador do kaiser Wilhelm II, Wilhelm Graf von Mirbach-Harf (1871-1918), com o intuito de provocar a Alemanha. Era a senha para um levante, uma tentativa de golpe de Estado, que Trotsky conseguiu esmagar, após dois dias de refregas. No mesmo dia, 6 de julho de 1918, outras insurreições eclodiram, abrangendo Iaroslav, Murom, Simbirsk e Arzamas. E, no dia 17, os bolcheviques fuzilaram cruelmente o czar Nicholas II e toda sua família, presos em Ekaterimburg, a pretexto de evitar que as forças do almirante Koltchak os libertassem e os utilizassem como símbolos da contrarrevolução.

As tropas da Entente, em agosto, ocuparam Archangel. Os ingleses avançaram pela fronteira da Pérsia, na direção de Baku, e os norte-americanos desembarcaram na Sibéria. A contrarrevolução, movida por forças internas e externas, atacava em todas as frentes. E a 30 de agosto atingiu, pessoalmente, o próprio Lenin. Uma socialista-revolucionária de direita, Fanny Kaplan, também conhecida como Dora e nascida Feiga Chaimovna Roytblat (1890-1918), deu-lhe três tiros, dois dos quais acertaram o alvo. Lenin tombou ferido. Mosei S. Uritsky, chefe da Tcheca em Petrogrado, morreu vítima, no mesmo dia, de outro atentado. O Poder Soviético respondeu ao terror branco, o terror contrarrevolucionário, com o terror vermelho. Um comunista, marinheiro da frota do Báltico, Pavel D. Malkov (1887-1965) executou Fanny Kaplan, depois de julgada e condenada.

A guerra civil ainda não completara um ano. Trotsky criou o Exército Vermelho, a partir de cinzas e destroços. E comandou, pessoalmente, as operações no seu famoso trem blindado, a deslocar-se, incansavelmente, para todas as frentes de batalha. Aqueles homens que, na guerra com a Alemanha, deixaram as fronteiras vazias, desertaram e fizeram a paz sobre os seus próprios pés, retomaram o fuzil para enfrentar os brancos e os intervencionistas da Entente. A Rússia, cansada, exangue, sangrando, a Rússia, que ansiava a paz e assinou o tratado de Brest-Litovsk, ergueu-se, revitalizada pela energia da revolução, para combater as forças estrangeiras, que a invadiram, e os exércitos brancos da contrar-revolução. A volta ao passado nunca. Não é somente a qualidade (nem a quantidade) das armas o que vale e importa em uma guerra revolucionária, mas a consciência e a motivação dos que as empunham. A técnica sem a política apresenta pouca eficácia. As massas, sob o czar Nicholas II e sob o Governo Provisório, bateram-se por objetivos que desconheciam e lhes eram estranhos: a conquista de Constantinopla, da Galitzia e o domínio dos Balcãs. "Quem precisa dos Dardanelos – os operários ou a burguesia?" – perguntara Lenin a um patriota enfurecido. A guerra com a Alemanha e os Impérios Centrais poderia interessar ao czar Nicholas Romanov, a Milyukov e a Kerensky, mas não às massas. Por isto elas desertaram, fizeram uma revolução, tomaram as terras e as fábricas e não permitiriam que lhes arrebatassem para devolvê-las aos seus opressores e exploradores, os latifundiários e os capitalistas. Se antes não se dispunham a morrer pelos lucros da burguesia, por eles agora não se dispunham mais a viver. "A vitória ou a morte" – exclamou Lenin, pouco antes de receber as balas de Fanny Kaplan. E para os russos não havia, realmente, alternativa.

As massas francesas, famintas, descalças e descamisadas derrotaram os aguerridos exércitos da Áustria e da Prússia, nas guerras revolucionárias, travadas entre 1792 até 1802, havia pouco mais de um século. O russo repetiu o feito e mostrou a capacidade de resistência que possuía, para defender as conquistas reais da revolução.

A revolução mundial

As decisões de Lenin sempre partiam de realidades concretas. Ele não se deixava embair pelo fraseado de esquerda. Era realista. Se razões outras não houvesse, e havia, a simples possibilidade de aliviar uma frente de batalha, para concentrar as forças onde a ameaça crescia, na guerra civil, justificaria a política de Lenin, o acerto de sua posição, na paz de Brest-Litovsk, como reconheceu o próprio Trotsky. O objetivo era salvar o Poder Soviético.

Houve momento em que a Rússia soviética virtualmente se reduzira ao território do antigo Grão-Ducado da Moscóvia, outrora as terras Rus', o centro de expansão da Rússia, após a derrota dos mongóis-tártaros, a Horda de Ouro, pelo príncipe Dmitry Donskoy, em 1380. Só em setembro de 1918, a situação começou a melhorar e a revolução recuperou a iniciativa. O Exército Vermelho, em 10 de setembro, retomou Kazan e, dois dias depois, sob o comando de Mihail N. Tuchatschewski (1893-1937), apoderou-se de Simbirsk. E Lenin, "se tivesse dez cérebros, vinte olhos e quarenta mãos, poderia tê-los usado", comentou Louis Fischer, um dos seus biógrafos, e ressaltou que "sem deixar a capital, exceto para caçar ou repousar (não há notícia de ter ele visitado uma frente de guerra), estava por toda parte. Comandava o Exército, dirigia a economia e administrava o Estado, ao mesmo tempo que o reconstruía de cima a baixo". "Trabalhava, ao invés de preocupar-se" – disse Louis Fischer. E acrescentou:

Tinha infinito amor pelo trabalho e um domínio tanto do pequeno detalhe como das empresas gigantescas. Passava de decisões sobre qual a frente militar que deveria ser reforçada ao rabisco de uma recomendação a favor de um camarada necessitado que procurava apartamento na superpovoada Moscou. Possuía prodigiosa energia e a despendia como se soubesse que não viveria por muito tempo. Sua vaidade era mínima, qualidade que, sem dúvida, criava a impressão de que subestimava o valor da personalidade. Mas era muito inteligente para subestimar o valor de sua própria personalidade e, se o fez, ninguém mais, nem a história, pode fazê-lo.

Os olhos de Lenin não se voltavam apenas para o interior da grande Rússia conflagrada. Buscavam os horizontes, o ocidente da Europa, por onde ele, Lenin, esperava que a revolução, iniciada na Rússia, se espraiasse. E não descuidou da luta ideológica. Como um *bulldog*, expressão que certa vez a socialista-revolucionária Vera I. Zassulitch (1849-1919) lhe aplicou, mordia o adversário e não soltava. Novamente investiu contra Karl Kautsky, ao estilo bizantino, a fim de esmagá-lo, e escreveu *A revolução proletária e o renegado Kautsky*. Essa obra data de outubro-novembro de 1918.

Lenin principiou por analisar a forma como Kautsky focalizou as divergências entre os bolcheviques e a tendência oficial da social-democracia: como a oposição entre métodos radicalmente diferentes, o democrático e o ditatorial. Para Lenin este enfoque não passava de "uma confusão teórica tão monstruosa, uma apostasia [...] completa do marxismo". Kautsky, segundo Lenin, "conhece Marx quase de cor" e não podia *ignorar* "que a fórmula ditadura do proletariado não é senão um enunciado historicamente mais concreto e cientificamente mais exato da missão do proletariado", a de "romper a máquina estatal da burguesia".

Lenin selecionou todas as citações de Marx e Engels, para reforçar seus argumentos, e as do seu adversário, no caso, Kautsky, a fim de destruí-los. Kautsky – disse Lenin:

necessita interpretar a ditadura como situação de domínio [...] porque então desaparece a violência revolucionária, desaparece a revolução violenta. A situação de domínio é a situação em que se acha qualquer maioria sob a democracia. Com este truque de má-fé desaparece felizmente a revolução.

Mas "a revolução proletária é impossível sem a destruição violenta da máquina do Estado burguês e sem sua substituição por outra, nova, que", segundo as palavras de Engels, "já não é um Estado no sentido próprio da palavra".

Lenin aí formulou as ideias básicas de *O Estado e a revolução*, que repetia, incansável e insistentemente, ao longo de suas obras: a necessidade da violência revolucionária, tanto sob a forma de insurreição quanto sob a forma organizada da ditadura do proletariado, o Estado, que as massas exploradas constituirão para esmagar a burguesia. "Ao definir a ditadura, Kautsky fez tudo o que pôde para ocultar ao leitor o traço fundamental desse conceito a saber: a violência revolucionária. E agora se impôs a verdade: trata-se da oposição entre revolução pacífica e revolução violenta." Eis o *quid* da questão. "Todos os subterfúgios, os sofismas, as vis falsificações fazem falta a Kautsky para refugar a revolução violenta, para ocultar que a renega, que se passa para o lado da política operária liberal, isto é, para o lado da burguesia."

Após essas premissas, Lenin passou à defesa do Poder Soviético e ao exame do problema da democracia burguesa: "O partido dominante de uma democracia burguesa só outorga a defesa da maioria a outro partido burguês, enquanto o proletariado, em todo problema sério, profundo, fundamental, em lugar de defesa da minoria obtém estados de guerra ou *pogroms.*" E aduziu: "Quanto mais desenvolvida esteja a democracia, tanto mais perto está do *pogroms* ou da guerra civil em toda divergência política profunda, perigosa para a burguesia." No mais democrático Estado burguês, "as massas tropeçam a cada passo com uma contradição flagrante entre a igualdade formal, proclamada pela democracia dos capitalistas, e mil limitações e complicações que de fato convertem os proletários em escravos assalariados". A democracia proletária, que tem no Poder Soviético "uma de suas formas" (Lenin não o considerava a única), "deu à democracia um desenvolvimento e uma extensão desconhecidos, precisamente, para a imensa maioria da população, os explorados". No conceito de Lenin

> Os Soviets representavam a organização direta dos trabalhadores. O velho aparato burguês: a burocracia, os privilégios da fortuna, da instituição burguesa, das relações etc., [...] desaparecem. A liberdade de imprensa deixa de ser uma hipocrisia, porque se tiram à burguesia as impressoras e o papel. O mesmo sucede com os melhores edifícios, com os palácios, os hotéis particulares, casas de campo etc. O Poder soviético arrancou imediatamente aos exploradores milhares e milhares dos melhores edifícios, fazendo desse modo mil vezes mais democrático o direito de reunião sem o que a democracia é um engano.

Segundo Lenin, Kautsky não compreendia essa verdade porque se desacostumou a perguntar: para que classe é a democracia. Não podia haver igualdade entre explorados e exploradores. "Se os exploradores são derrotados somente num país – e isto, naturalmente, é caso típico, pois a revolução simultânea numa série de países constitui uma rara exceção – continuarão, não obstante, mais fortes que os explorados, porque suas relações internacionais são poderosas." E ali estava o exemplo da Rússia mergulhada numa guerra civil, em que as potências imperialistas intervinham por todos os meios, inclusive militarmente, para ajudar a contrarrevolução. Naquela hora de luta desesperada, encarniçada, de vida ou de morte para os privilégios milenares, falar de maioria e minoria, de democracia pura, de igualdade entre exploradores e explorados, revelava um "abismo de estupidez, de filisteísmo". Mas, advertiu Lenin, "privar os exploradores do direito de voto é um problema da ditadura do proletariado em geral". Esta poderia assumir diferentes formas.

Lenin entendia ser um erro assegurar, antecipadamente, que as próximas revoluções proletárias da Europa, todas ou a maior parte delas, determinarão, necessariamente, a restrição do direito de voto para a burguesia. Pode suceder assim. Depois da guerra e da experiência da Revolução Russa, seria provável que assim sucedesse, mas não seria indispensável, para exercer a ditadura, não constituiria nota imprescindível do conceito de ditadura, no terreno histórico de classe. O fundamental, a condição imprescindível da ditadura, é esmagar pela força os exploradores como classe, a violação da democracia pura, da liberdade e da igualdade para os capitalistas. As formas dessa ditadura dependeriam das peculiaridades de cada país.

Kautsky, entretanto, ao criticar o regime instalado na Rússia, mostrou a inconsistência do pensamento de Lenin, do ângulo da própria teoria de Marx, e explicou que a ditadura como forma de governo não significava ditadura de uma classe. A classe operária só poderia dominar, mas não governar. Ademais, quando a classe operária estava dividida em distintos partidos – bolcheviques, mencheviques etc. –, a ditadura de um deles não podia ser a ditadura do proletariado, porém de uma parte sobre as outras. E, na Rússia soviética, a situação ainda se tornava mais difícil, uma vez que não se tratava de simples ditadura da classe operária sobre outras partes da classe operária, porém de uma ditadura de operários e camponeses sobre o proletariado dividido.

E afirmou:

> Para nós [...] socialismo sem democracia é impensável. Nós entendemos o moderno socialismo não a simples organização da produção social, mas também a organização democrática da sociedade. O socialismo para nós está inseparavelmente ligado com a democracia. Nenhum socialismo sem democracia.

As críticas de Rosa Luxemburg ao regime que Lenin estava a implantar na Rússia coincidiam com as de Karl Kautsky. Ambos entendiam que a ditadura do proletariado, cujo conceito Marx e Engels nunca explicaram, não poderia ser uma forma de governo, tal como Lenin e Trotsky estavam a realizar, mas uma situação política determinada, em que a maioria da classe operária pudesse exercer seus direitos e com total liberdade de imprensa, reunião e voto, sua vontade social efetivamente predominasse, de modo a empreender a mutação econômica e política. Assim Rosa Luxemburg entendia a ditadura do proletariado, que consistiria na forma de aplicação da democracia e não na sua destruição, através de intervenções enérgicas e resolutas nos direitos adquiridos e nas relações econômicas da sociedade burguesa, sem os quais a transformação socialista não pode realizar-se. A preeminência seria, portanto, da própria classe e não de pequena minoria dirigente, em nome da classe, como resultado da crescente educação política e submetida ao controle da opinião pública. O que Rosa Luxemburg defendeu foi o processo democrático como condição essencial do socialismo, ao mesmo tempo que atribuiu as distorções da política de Lenin e Trotsky, sobretudo o "abundante emprego do terror", ao isolamento da Rússia, "esgotada pela guerra mundial, estrangulada pelo imperialismo e traída pelo proletariado internacional", em particular, pelo proletariado alemão, que não cumprira suas "tarefas históricas".

Rosa Luxemburg previu um futuro nada promissor para a revolução, em virtude do regime que Lenin e Trotsky lá instituíam:

> Sem eleições gerais, total liberdade de imprensa e de reunião, sem a luta livre das opiniões, a vida morre em toda instituição pública, torna-se uma vida aparente e nela, como elemento ativo, somente a burocracia permanece. A vida pública pouco a pouco adormece e algumas dúzias de chefes de partido, de inesgotável energia e

idealismo sem limites, dirigem e governam e entre eles os que, na realidade, conduzem são uma dúzia de eminentes cabeças, enquanto, de tempos em tempos, uma elite do operariado é convocado para uma assembleia, com o objetivo de aplaudir os discursos dos chefes e votar unanimemente as resoluções apresentadas. No fundo, é uma política de súcia, uma ditadura, certamente, mas não uma ditadura do proletariado e sim uma ditadura de um punhado de políticos, isto é, ditadura no sentido burguês, no sentido da dominação jacobina (o adiamento do Congresso dos Soviets de três para seis meses!). E ainda mais: tais circunstâncias devem acarretar o asselvajamento da vida pública: atentados, fuzilamento de reféns etc. Esta é uma lei superior, objetiva, da qual nenhum partido pode afastar-se.

E acentuou:

Liberdade somente para os partidários do governo, somente para os membros de um partido – não importa quão numerosos eles sejam – não é liberdade. Liberdade é sempre liberdade dos que pensam de modo diferente. Não por fanatismo de "justiça", senão porque tudo o que há de animador, salutar e purificante na liberdade política depende dessa característica essencial e seu efeito falha, se a "liberdade" torna-se um privilégio.

Lenin, porém, sustentou o fechamento da Assembleia Constituinte, determinado por ele e Trotsky, criticado por Karl Kautsky e Rosa Luxemburgo, e abordou a questão da guerra e do internacionalismo:

Se a guerra é uma guerra imperialista reacionária, isto é, uma guerra entre dois grupos mundiais da burguesia reacionária imperialista, exploradora, bandoleira, toda burguesia (inclusive a de um pequeno país) faz-se cúmplice da rapina, eu, representante do proletariado revolucionário, tenho o dever de preparar a revolução proletária mundial. Não devo raciocinar do ponto de vista de meu país (porque isto é a maneira de raciocinar do filisteu nacionalista, desgraçado, cretino que não compreende que é um joguete nas mãos da burguesia imperialista), senão do ponto de vista de minha participação na preparação, na propaganda, na aceleração da revolução proletária mundial. Isto é internacionalismo. Este é o dever do internacionalista, do operário revolucionário, do verdadeiro socialista.

Lenin mostrou que os bolcheviques esperavam a revolução na Europa, mas não com data fixa. "Esperar uma situação revolucionária na Europa não foi um apaixonamento dos bolcheviques, mas a opinião geral de todos os marxistas", escreveu e justificou que "a tática dos bolcheviques era justa, era a única tática internacionalista, porque se baseava não no temor covarde da revolução mundial, não numa falta de fé filisteia nesta revolução [...], mas porque se fundamentava numa apreciação justa [...] da situação revolucionária europeia."

E Lenin insistiu: "Essa tática era a única internacionalista, porque se levava a cabo o máximo do realizável num só país para desenvolver, apoiar e despertar a revolução em todos os países."

"A revolução mundial amadurecida a olhos vistos", avaliou Lenin, e acrescentou: "E não só em toda a Europa, mas em todo o mundo, e a vitória do proletariado na Rússia a favoreceu, precipitou e sustentou. Que tudo isto não basta para o triunfo completo do socialismo? Desde logo, não basta. Um só país não pode fazer mais". Se amanhã, entretanto, uma coligação dos imperialistas esmagasse o Poder Soviético, este já teria prestado colossal serviço à causa da revolução proletária mundial.

Lenin sabia que o desenvolvimento anterior da Revolução Russa dependia dos destinos da Europa. O proletariado podia assumir o poder na Rússia, antes que nos países adiantados da Europa, assentar os alicerces para a construção do socialismo, mas o seu triunfo completo dependia da revolução mundial. O socialismo não podia atingir num só país, particularmente num país atrasado, a sua plenitude. A Rússia isolada não podia fazer mais.

Lenin chegava às últimas linhas de *A revolução proletária e o renegado Kautsky*, quando, na noite de 9 para 10 de novembro de 1918, Lenin soube que o kaiser Wilheim II havia abdicado e buscara asilo na Holanda, em meio a avassaladora onda de greves e de levantes de soldados e marinheiros, e surpreendente colapso do Reichswehr contra as tropas da Entente. Friedrich Ebert, líder dos social-democratas majoritários (*Mehrheitssozialdemokraten*), que apoiaram a guerra, assumiu a chefia do governo, como chanceler do Reich, enquanto, de um lado, seu companheiro Philip Scheidemann, por sua própria iniciativa, proclamou a República, gritando de uma janela do Reichstag, enquanto Karl Liebknecht, chefe do Spartakus-Gruppe, a ala mais radical dos social-democratas, pretendeu instituir a república socialista, do Castelo de Berlim. Outrossim se formou um Conselho dos Comissários do Povo (Rat der Volksbeauftragten) com representantes dos social-democratas majoritários (Ebert, Scheidemann e Olto Landsberg) e dos social-democratas independentes (Hugo Haase, Wilhelm Dittimann e Emil Barth), sem o Spartakus-Gruppe. Karl Liebknecht não aceitou e pretendeu aprofundar a revolução, porém, em 15 de janeiro de 1919, esmagaram a insurreição de Berlim, assassinaram Rosa Luxemburg e Karl Liebknecht, líderes da ala esquerda, a Liga Spartacus, e, em abril, derrotaram, com um banho de sangue, a República Soviética de Münich, capital da Baviera.

A Rússia soviética, através da sua Embaixada em Berlim, chefiada por Adolf Joffe, continuou a fomentar a revolução na Alemanha e forneceu aos spartakistas todos os recursos financeiros para a compra de armamentos, "um dos mais escuros capítulos na história do bolchevismo", segundo Eduard Bernstein, ignorando que fora o próprio governo do kaiser Wilhelm II que outorgara os recursos financeiros para a revolução na Rússia. A revolução social também alcançou a Hungria e, a 22 de março, Béla Kun proclamou a República Soviética, que sucumbiu, esmagada, violentamente, pelo exército da Romênia, aliada da Entente, em 1º de agosto de 1919 e seu dirigente, Béla Kun, pereceu, executado na União Soviética, em 1939, no expurgo sangrento ordenado por Yosif Stalin.

Naquele mesmo ano, de 2 a 6 de março de 1919, instalou-se em Moscou o I Congresso da III Internacional, a Internacional Comunista ou, como se tornaria conhecida, Komintern. A Rússia dos Soviets resistia ao segundo ano da guerra civil e, de novembro a dezembro, vislumbraram-se os primeiros sinais da vitória: os Exércitos Brancos dos generais Anton Denikin, Stanislav Iudenitch e do almirante Aleksandr Koltchak desagregavam-se.

O esquerdismo

A vitória da revolução na Rússia exercitara a imaginação dos trabalhadores em todas as partes do mundo, inclusive no Brasil, o espectro do bolchevismo assustava as classes dominantes, na Europa e nas Américas. Os Partidos Comunistas surgiram formados, na sua maioria, por dissidentes social-democratas, e aderiram à Komintern. E no seu seio apareciam correntes ainda mais à esquerda, que, negando a participação nas eleições, nos parlamentos e nos sindicatos, chegavam às fronteiras do anarquismo. Lenin sentiu a necessidade de elaborar um ensaio sobre tática e estratégia e escreveu *O esquerdismo – Doença infantil do comunismo*, entre abril e maio de 1920, visando à próxima instalação do II Congresso da Komintern.

Salientou, inicialmente, a necessidade de um partido revolucionário do proletariado, que agisse com serenidade, disciplina, firmeza, inflexibilidade e uma vontade inquebrantável e única. "A centralização incondicional e a disciplina mais severa do proletariado constituem uma das condições fundamentais para a vitória sobre a burguesia." Essa disciplina se mantém e se reforça:

> primeiro, pela consciência da vanguarda proletária e pela sua fidelidade à revolução, pela sua firmeza, pelo seu espírito de sacrifício, pelo seu heroísmo; segundo, pela sua capacidade de vincular-se, aproximar-se e, até certo ponto, [...] fundir-se com as amplas massas trabalhadoras, em primeiro lugar, mas também

com a massa trabalhadora não proletária; terceiro, pela justeza da direção política que leva a cabo essa vanguarda; pela justeza de sua estratégia e de sua tática política, sob a condição de que as massas se convençam disto por experiência própria. Essas condições não brotam repentinamente, mas através de longo trabalho e de dura experiência. Uma justa teoria revolucionária, não nenhum dogma e sim em estreita relação com a prática de um movimento verdadeiramente de massas, facilita a sua formação.

Lenin focalizou as principais etapas da formação do bolchevismo, desde 1903, as táticas que utilizou, a sucessão dos métodos de luta parlamentares e não parlamentares, o boicote e a participação no parlamento, as formas legais de luta e as relações entre elas. A revolução de 1905 foi o ensaio geral da revolução de outubro. Mas "não se pode triunfar sem aprender a tomar a ofensiva e a empreender a retirada com acerto". Os bolcheviques, naquele período de desalento, dispersão e terror, que sobreveio à derrota da primeira revolução, foram os únicos que retrocederam com ordem. E obtiveram bons resultados porque "denunciaram e expulsaram sem piedade os revolucionários de palavras, obstinados em não compreender que é preciso retroceder, que é obrigatório atuar legalmente nos parlamentos mais reacionários, nas organizações sindicais, cooperativas, nas mutualidades e outras semelhantes, ainda mais reacionárias".

Outrossim Lenin atacou o "revolucionarismo [...] que roça o anarquismo, do pequeno-burguês enfurecido pelos horrores do capitalismo". "A inconstância dessas veleidades revolucionárias, sua esterilidade, sua facilidade de transformar-se rapidamente em submissão, em apatia, em imaginações fantásticas, até num entusiasmo furioso por tal ou qual tendência burguesa da moda, são universalmente conhecidas." O anarquismo representara amiúde "uma espécie de expiação dos pecados oportunistas do movimento operário" e com eles se completava.

O compromisso é às vezes necessário. Lenin referiu, como exemplo, o tratado de Brest-Litovsk e justificou com uma anedota: um automóvel detido por alguns bandidos. "Entregais o dinheiro, o passaporte, o revólver, o automóvel, mas, em troca, vos livrais da agradável vizinhança dos bandidos. Trata-se, evidentemente, de um compromisso." O curioso é que Lenin passou, pessoalmente, por essa experiência, quando, a 19 de janeiro de 1919, um domingo, se dirigia para os bosques de Sokolniki, em companhia de sua irmã Maria, um companheiro e o seu motorista Stepan Kasimirovitch Guil. Lenin tirou de um incidente pessoal uma lição política: a necessidade, às vezes, do compromisso. E aplicou-a à questão da paz com os alemães. "Você está certo. A força não adiantava aqui. Estamos vivos, evidentemente, porque não resistimos", disse a Guil, quando este, armado, explicou que não atirara com receio de feri-lo, num tiroteio. Assim, o que houve de fato foi um compromisso com os assaltantes: "Entrego-te meu dinheiro, minhas armas, meu automóvel, para que me dês permissão de seguir em paz." No caso de Brest-Litovsk, "nosso compromisso com os bandidos do imperialismo alemão foi análogo a esse".

Mas quando os social-democratas apoiaram a guerra e massacraram a revolução na Alemanha e na Áustria, firmando "com os bandidos de sua própria burguesia e às vezes da burguesia aliada compromissos dirigidos contra o proletariado revolucionário de seu próprio país, [...] trabalharam então como cúmplices dos bandidos". "[...] Rechaçar os compromissos em princípio, negar a legitimidade de todo compromisso em geral, é uma puerilidade que é difícil levar a sério." Mas o revolucionário deve saber distinguir os casos concretos dos compromissos que são precisamente inadmissíveis, que exprimem oportunismo e traição", e desmascará-los, implacavelmente, numa guerra sem quartel:

> É preciso saber analisar a situação e as circunstâncias concretas de cada compromisso ou de cada variedade de compromissos [...], distinguir o homem que entregou aos bandidos sua bolsa e suas armas, com o objetivo de diminuir o mal causado por eles e facilitar sua captura e sua execução, daquele que dá aos bandidos sua bolsa e suas armas a fim de participar da partilha do saque.

O comunismo de esquerda provocara uma cisão no Partido da Alemanha e Lenin, ao analisar suas posições, novamente atacou os "vícios pequeno-burgueses": dispersão, inconstância, falta de capacidade para o domínio de si mesmo, para a união dos esforços, para a ação organizada. E estes vícios levavam os comunistas de esquerda na Alemanha a negar a necessidade do partido e da disciplina do partido. "Isto equivale a desarmar completamente o proletariado em proveito da burguesia." O Partido do proletariado só poderá desaparecer com o proletariado, isto é, com as classes, na fase superior do socialismo. "Suprimir as classes não consiste unicamente em expulsar os latifundiários e os capitalistas – isto fizemos com relativa facilidade – mas também em suprimir os pequenos produtores de mercadorias." E é "impossível expulsá-los, é impossível esmagá-los: deve-se entender com eles e se pode (e se deve) transformá-los, reeducá-los, mediante trabalho de organização muito grande, lento e cauteloso".

Lenin considerava a força dos costumes de milhões e dezenas de milhões de anos a mais terrível e "a ditadura do proletariado é uma luta tenaz, cruenta e incruenta, violenta e pacífica, militar e econômica, pedagógica e administrativa, contra as forças e tradições da velha sociedade". E para isso não se poderia prescindir de um partido férreo e temperado na luta, um partido que saiba refletir o estado de espírito das massas.

Não havia, contudo, nada a temer no comunismo de esquerda. "Esta enfermidade transcorre sem consequências e até, uma vez passada, deixa mais vigoroso o organismo." Julgava "sempre [...] preferível uma cisão a uma situação confusa que obstaculize o desenvolvimento ideológico, teórico e revolucionário do partido, seu amadurecimento e seu trabalho prático, harmonioso e realmente organizado, que prepara [...] a ditadura do proletariado". Aconselhou, entretanto, consagrar "todos os esforços para que a cisão dos esquerdistas não dificulte, ou dificulte o menos possível a fusão necessária, inevitável, num futuro próximo, num só partido de todos os que tomam parte no movimento operário e são partidários sinceros e de boa-fé do Poder dos Soviets e da ditadura do proletariado". E, numa carta aos comunistas alemães, considerou aquela cisão não uma prova de fraqueza e sim de vitalidade do movimento.

Eis o Lenin que o mito do monolitismo burocrático tanto procurou ocultar. Implacável, duro, na hora da luta, sempre estava disposto a estender a mão àqueles companheiros que sinceramente a ele se opuseram.

Tática e estratégia

O esquerdismo – Doença infantil do comunismo encerra uma lição de tática e de estratégia revolucionária. Lenin mostrou que

> a arte do político (e a compreensão acertada de seus deveres no comunista) consiste, precisamente, em saber apreciar com exatidão as condições e o momento em que a vanguarda do proletariado poderá tomar vitoriosamente o poder, em que poderá, durante a conquista do poder e depois dela, obter um apoio suficiente dos mais vastos setores da classe operária e das massas trabalhadoras não proletárias, em que saberá, depois de conservar o poder, afiançar, ampliar seu domínio, educando, instruindo, atraindo uma quantidade cada vez maior das massas trabalhadoras.

A conquista do poder político exigia que a luta alcançasse certo grau e este grau "não é idêntico em todos os países e em condições diferentes". Antes "é impossível [...] e nem sequer deve tentar-se". A revolução na Rússia comprovara, praticamente, essa verdade. Antes do 7 de novembro era cedo demais. Lenin orientou os bolcheviques a conterem as massas para impedir que as manifestações de julho, prematuramente, se transformassem em uma insurreição. Mas, depois do 7 de novembro, seria tarde demais.

Até que atingisse aquele grau a luta requeria "toda classe de sacrifícios, vencer os maiores obstáculos para entregar-se a uma propaganda e uma agitação sistemática, perseverante, paciente, nas instituições, sociedades, sindicatos, por mais reacionários que sejam, onde se encontre a massa proletária e semiproletária". O partido deveria estar sempre atento para todas as situações e não hesitar em criticar seu próprio comportamento e corrigir seus erros. Esta é "uma das provas mais importantes e mais fiéis da seriedade desse partido e do cumprimento efetivo de seus deveres para com a sua classe e para com as massas trabalhadoras". Nada esconder:

> Reconhecer abertamente os erros, pôr a descoberto suas causas, analisar a situação que os engendrou e examinar atentamente os meios de corrigi-los: Isto é o que caracteriza um partido sério, é nisto que consiste o cumprimento de seus deveres, isto é educar e instruir a classe primeiro e depois, as massas.

Os revolucionários deveriam avaliar bem as situações para não tomar os seus desejos pela realidade. "Este é o mais perigoso dos erros para os revolucionários." Os comunistas de esquerda proclamavam o parlamentarismo como politicamente caduco. Poderia ser verdade para eles, mas não para a classe, para a massa. Os revolucionários, naturalmente, não devem "descer até ao nível das massas, até ao nível dos setores mais atrasados da classe". Não há dúvidas, "é indiscutível". Os comunistas devem estar à frente, como vanguarda, procurando elevar o nível das massas. Devem dizer-lhes "a amarga verdade, dizer-lhes que seus preconceitos democrático-burgueses e parlamentares são preconceitos".

Nem todas as camadas da classe e das massas chegam ao mesmo tempo à mesma compreensão. Os comunistas, por isto, não devem confundir o que eles pensam com o que todo o proletariado e as demais camadas trabalhadoras imaginam. Devem "observar, serenamente, o estado real de consciência e de preparação da classe inteira (e não só de sua vanguarda comunista), da massa trabalhadora inteira (e não só dos seus indivíduos avançados)".

Naturalmente, "em um estado de espírito revolucionário das massas, sem condições favoráveis para o desenvolvimento de tal estado de espírito, a tática revolucionária não se transformará em ação". Mas apenas com o sentimento revolucionário "é impossível criar uma tática revolucionária". Ela deve tomar em conta, "serenamente, e de modo estritamente objetivo todas as forças de classe do Estado de que se trata (dos Estados que o rodeiam e de todos os Estados em escala mundial), e assim como a experiência dos movimentos revolucionários". A Rússia, devido às peculiaridades de 1917, "foi fácil começar a revolução socialista", mas, "em compensação, será [...] muito mais difícil continuá-la e levá-la a cabo [...] do que nos países avançados".

"Os comunistas para enfrentar os Aliados, numa guerra cem vezes mais difícil, prolongada e complexa que a mais encarniçada guerra entre Estados", não poderiam renunciar às manobras, à utilização dos antagonismos entre os inimigos, aproveitando as oportunidades para atacar e efetuando acordos com os possíveis aliados, ainda que sejam provisórios, inconsistentes, vacilantes e condicionais – Lenin explicou e aduziu: os comunistas têm que aproveitar, igualmente, "as menores possibilidades de obter um aliado de massas, ainda que temporário, vacilante, instável, pouco seguro, condicional". O problema "é *saber* aplicar essa tática para elevar e não para rebaixar o nível *geral* de consciência, de espírito revolucionário, de capacidade de luta e de vitória do proletariado".

Eis, em súmula, o que Lenin ponderou. E mais escreveu:

> Obter a vitória sobre um adversário mais poderoso só é possível pondo em tensão todas as forças e utilizando obrigatoriamente, com solicitude, minúcia, prudência e habilidade, a menor brecha entre os inimigos, toda contradição de interesses entre a burguesia dos distintos países, entre os diferentes grupos ou diferentes categorias burguesas no interior de cada país.

As massas abandonaram Kerensky porque passaram pelo seu governo. Aprenderam pela sua própria experiência. Os comunistas ingleses, onde também se manifestava a enfermidade do esquerdismo, deveriam participar do parlamento, deveriam do interior do parlamento "ajudar a massa, proletária a ver na prática os resultados do governo dos Henderson e dos Snowden", líderes do trabalhismo, ajudando-os "a vencer contra a coalizão de Lloyd George e Winston Churchill". O Partido Trabalhista, no poder, desgastar-se-ia e os comunistas emergiriam como a força capaz de capitalizar o descontentamento, desde que, favorecendo-lhes a vitória, conservassem a "liberdade mais completa de agitação, de propaganda, de ação política". Não amarrar as mãos. Golpear juntos e marchar separados. Sem isto qualquer bloco implica uma traição. Os comunistas, em nenhum momento, devem perder a oportunidade para desmascarar os Henderson e os Snowden, mostrar as limitações do trabalhismo, antes, durante e depois das eleições.

> [...] Para a revolução não basta que as massas exploradas e oprimidas tenham consciência da impossibilidade de viver como antes e reclamem mudanças; para a revolução é necessário que os exploradores não possam viver nem governar como antes.

Esta, a lei fundamental da revolução que a história, principalmente no século XX, confirmou. "Só quando as camadas altas não podem sustentá-lo ao modo antigo, só então pode triunfar a revolução." Em outros termos, "a revolução é impossível sem uma crise nacional geral (que afete explorados e exploradores)", indicou Lenin, a interpretar os ensinamentos de Marx.

A revolução, para vencer, deve conseguir que os operários, pelo menos a maioria daqueles conscientes e politicamente ativos, compreendam a sua necessidade, estejam dispostos a sacrificar a vida. Mas isto só não basta. Também "é preciso que as classes dominantes atravessem uma crise governamental que arraste para a política até as massas mais atrasadas", que "reduza o governo à impotência" e possibilite sua derrubada. "O sintoma de toda revolução verdadeira é a decuplicação ou centuplicação dos números de homens aptos para a luta política no seio da massa trabalhadora."

Os revolucionários deviam saber "aplicar os princípios gerais do comunismo à particularidade das relações entre as classes e os partidos, à particularidade no desenvolvimento objetivo para o comunismo, próprio de cada país e que se precisa saber estudar, descobrir e adivinhar". "Ainda que a escola preparatória que conduz o movimento operário à vitória sobre a burguesia seja em todas as partes idêntica no fundo, seu desenvolvimento se realiza em cada país de modo original." A unidade de tática internacional do movimento comunista não exige a supressão da variedade que há entre os diversos países, a supressão das particularidades nacionais, "mas a aplicação dos princípios fundamentais" do socialismo científico, tais como a ditadura do proletariado, adaptando-os, acertadamente, às peculiaridades e às condições específicas de cada Estado.

Lenin dizia que "só com a vanguarda é impossível triunfar" e lançá-la à batalha decisiva, quando as massas ainda não adotaram a seu respeito uma posição de apoio direto nem "ao menos de uma neutralidade benévola [...] não seria apenas uma estupidez, mas, também um crime". A batalha decisiva requer as seguintes condições: 1) que todas as forças da classe inimiga estejam mergulhadas na confusão, suficientemente chocadas entre si, suficientemente debilitadas por uma luta superior à sua capacidade de resistência; 2) que todos os elementos vacilantes, versáteis, inconsistentes, intermediários – isto é, a pequena burguesia, a democracia pequeno-burguesa – estejam despidos diante do povo e cobertos de ignomínia pela sua bancarrota prática; 3) que no proletariado comece a formar-se e a estender-se um estado de espírito de massas favorável e apoiar as ações revolucionárias mais resolutas, mais valentes e abnegadas contra a burguesia. "Eis aqui o momento em que a revolução amadurece, [...] que a nossa vitória está segura, se calculamos bem todas as condições e escolhemos acertadamente a hora."

Os revolucionários que não sabem combinar os métodos legais e ilegais de luta "são maus revolucionários". Não é difícil ser revolucionário quando a revolução estala. É infinitamente mais difícil – "e muitíssimo mais meritório – saber ser revolucionário quando a situação não permite ainda a luta direta, franca, a verdadeira luta de massa", saber ser revolucionário "numa situação não revolucionária, entre massas incapazes de compreender de modo imediato a necessidade de um método revolucionário de ação".

O testamento

O ano de 1920 chegou ao fim. E com ele a guerra civil. O Exército Vermelho desbaratou as últimas tropas do Exército Branco, sob o comando do general Pyotr N. Wrangel, e reconquistou a Crimeia. Mas o Poder Soviético estava isolado do mundo. As classes hegemônicas da Europa e da América, depois de se reconciliarem através do tratado de Versailles, com o qual concluíram a conflagração mundial, voltaram suas forças contra os conselhos de operários, os Soviets que apareceram em alguns países da Europa. A morte de Inessa Armand, vitimada pela epidemia de cólera, em 24 de setembro de 1920, devastou Lenin.[1] E ele, após o Exército Vermelho triunfar sobre as forças de 14 nações que invadiram a Rússia soviética e sustentaram os Exércitos Brancos, teve ainda de enfrentar a questão da economia.

Ao fim da guerra civil, em 1921, a renda nacional da Rússia despencara-se para somente 1/3 do nível de 1913. Não havia aço, carvão e máquinas. Suas indústrias estavam ameaçadas de total paralisação. Fabricavam menos de 1/5 das mercadorias que lançavam no mercado antes da guerra mundial. As minas de carvão e fundições de ferro muito pouco produziam. A agricultura, idem. As ferrovias foram totalmente desmanteladas. Isaac Deutscher descreveu que, àquela época, "a estrutura social da Rússia não fora

---

1. Inessa Armand foi sepultada no Muro Vermelho, na Acrópole do Kremlin.

apenas derrubada, fora esmagada e destruída" e, quando Lenin e Trotsky proclamaram a implantação da ditadura do proletariado, o proletariado quase que havia desaparecido. De três milhões de trabalhadores, existentes antes da revolução, apenas um milhão e meio restava a trabalhar nas fábricas. Apenas o campesinato emergira intacto como classe social. Kautsky teve razão quando disse que a Rússia estava mais distante do socialismo do que antes da guerra.

Lenin reconheceu a gravidade da situação. Substituiu o comunismo militar ou comunismo de guerra, instituído durante a guerra civil, e restaurou o funcionamento da economia de mercado, sob o controle do Estado, com a implantação da Nova Economia Política, a NEP (*Novaia Ekonomitcheskaia Politika*). Ele conhecia muito bem a doutrina de Marx e sabia que o socialismo somente se poderia realizar a partir do alto nível de desenvolvimento das forças produtivas, que o capitalismo impulsionava, e a riqueza. Em dezembro de 1920, na tribuna do VII Congresso dos Soviets, Lenin apresentou o plano de restauração da economia nacional, que visava, sobretudo, ao desenvolvimento da indústria pesada e à mecanização da agricultura. E proclamou: "O comunismo é o Poder Soviético mais a eletrificação de todo o país."

Este, o ponto de partida, sobre o qual trabalharia a Comissão Estatal para a Eletrificação da Rússia (Goelro). A Rússia dos Soviets, para construir o socialismo, precisava pelo menos reconstruir a riqueza que a guerra destruiu. Não se socializa a miséria. A guerra civil também mutilara a classe operária.

"O socialismo é inconcebível" – disse Lenin – "sem a técnica do grande capitalismo, baseada na última palavra da ciência contemporânea, sem uma organização perfeitamente regular que subordine as dezenas de milhões de habitantes à estrita observância de uma norma única de produção e distribuição." E também se o proletariado não possui o poder do Estado. Se a revolução tardava na Alemanha, que poderia proporcionar aquela base material para a construção do socialismo, o Poder Soviético deveria "seguir a escola do capitalismo de Estado dos alemães, imitá-la com todas [...] as forças, não temer os métodos ditatoriais para acelerar essa assimilação da civilização ocidental pela Rússia bárbara, não vacilar diante de nenhum meio bárbaro para combater a barbaria". Mas o capitalismo de Estado, na Rússia, teria um sentido histórico diferente: estaria sob o controle do proletariado. Não seria o socialismo, mas uma etapa de transição e antessala, antecâmara, devido à extrema pobreza a que o conflito imperialista e, em seguida, a guerra civil reduziram o país.

O Poder Soviético atravessou, em 1921, situações talvez mais difíceis que na guerra civil. A base naval de Kronstad, outrora o baluarte dos bolcheviques, rebelou-se. O Exército Vermelho esmagou a sedição a ferro e fogo. Ela, porém, expressava o descontentamento que florescia dentro dos próprios muros da revolução. Não se tratava mais de uma luta contra os agentes da burguesia, os brancos, que pretendiam restaurar o passado, e sim de uma luta contra os próprios companheiros, aqueles que, impacientes e desorientados, queriam apanhar o futuro com um salto. Os anarquistas chefiaram a revolta. E eles nunca reconheceram uma escada.

Uma epidemia de fome simultaneamente atacou o país. E atingiu (julho de 1921) 36 milhões de pessoas. A imprensa chegou a noticiar episódios de canibalismo.

E ainda havia três inimigos a combater: a fanfarronada comunista, dos que acreditavam resolver os problemas com decretos, a ignorância e a venalidade. "No que diz respeito ao segundo inimigo, a ignorância" – ressaltava Lenin –, "posso dizer que, enquanto existir, será muito difícil falar de educação política. Um analfabeto está fora da política: é preciso primeiro ensinar-lhe o alfabeto. Sem isso haverá somente tagarelice, cochichos, preconceitos, mas não política." Era outro aspecto da barbaria, do asiatismo que Lenin sempre denunciou.

A luta interna, por outro lado, dilacerava o partido. Trotsky bateu-se pela estatização dos sindicatos e imprimiu ao seu comportamento um caráter fracional. Schliapnikov e Alexandra Kollontay formaram a Oposição Operária e, no outro extremo de Trotsky, queriam que os sindicatos, os comitês de fábricas e um Congresso de Produtores dirigissem toda a economia. Muitas outras tendências apareceram e as divergências explodiam até no campo da literatura e das artes, onde Bukharin e Lunatcharsky fomentavam a corrente do *Proletkult* (cultura proletária), combatida por Lenin e Trotsky. O X Congresso do Partido Comunista, reunido em março, pouco antes da revolta de Kronstad, proibiu as frações.

As relações entre Lenin e Trotsky esfriaram, por causa da questão dos sindicatos, e pioraram ainda mais, no correr de 1921. Lenin procurou o apoio de Stalin, cujos elementos passaram a compor a maioria do Comitê Central e o secretariado do partido.

O X Congresso do Partido Comunista promoveu a nacionalização de todos os recursos e sua distribuição pelo Estado, de conformidade com a Nova Política Econômica (NEP), a fim de permitir certa liberdade para o comércio privado e a participação de capitais estrangeiros em alguns setores da indústria, como petróleo, madeira, minas etc. Lenin reconheceu que chegara a hora da retirada. A revolução na Alemanha não triunfara. A tentativa de insurreição, em 1921, havia fracassado, como em 1919, e fracassaria em 1923. O Poder Soviético teria que retroceder, para a recuperação das forças e a cura das feridas. Mas deveria fazê-lo, ordenadamente, sem pânico e dispersão.

Trotsky, na condição de comissário da Guerra, tratou de montar uma indústria de armamentos para a União Soviética. Lenin autorizou-o a estabelecer secretamente contatos com as empresas alemãs Krupp, Blohm & Voss e Albatross e oferecer-lhes vantagens, de modo a atraí-las a investir na Rússia. As negociações obtiveram pleno sucesso. Os interesses econômicos e comerciais, bem como políticos, do próprio Estado alemão, sobrepujaram os antagonismos ideológicos. Elas se dispuseram a cooperar com o Poder Soviético, fornecendo maquinaria e assistência técnica, necessárias à fabricação de aviões, artilharia e munições, ou seja, à produção, na Rússia soviética, do que o Tratado de Versailles proibia dentro do território do Reich. E, em 16 de abril de 1922, a Alemanha e a Rússia soviética, a praticarem a *Realpolitik*, assinaram o Tratado de Rapallo, que se revestiu de extraordinária importância econômica e política, naquele momento, para os dois países. A Alemanha, tornando-se a primeira a reconhecer o Estado Soviético, rompeu o cerco a que ele ainda estava submetido e robusteceu sua própria posição perante as potências vitoriosas na Guerra Mundial e que lhe impuseram as afrontosas cláusulas do Tratado de Versailles.

Apesar da grande reação contra a NEP, que houve no partido, Trotsky, neste particular, não divergia de Lenin. Antes mesmo propusera sem êxito que o governo fizesse algumas concessões aos camponeses. E em muitas outras questões os dois também estavam de acordo: diplomacia, política da *Komintern*, o caso do *Proletkult*. Moravam, aquele tempo, no mesmo edifício (o edifício Kavalerski, que outrora servia aos funcionários da Corte), separados apenas por um corredor. Usavam a mesma sala de jantar e o mesmo banheiro.

Trotsky, porém, insistiu na necessidade de uma reformulação da Comissão de Planejamento Estatal (Gosplan) e de efetivar, realmente, a planificação da economia, canalizando os recursos financeiros e os créditos do Banco do Estado para a indústria pesada, dentro de uma política orientada pelo interesse nacional e não pela lucratividade. Lenin considerava que o planejamento numa economia atrasada, como a da Rússia, não teria eficácia.

As outras discrepâncias relacionaram, diretamente, com Stalin. Lenin adoecera em março de 1922 e, naquele mesmo mês, o XI Congresso do PC elegeu Stalin para o cargo de secretário-geral. Trotsky, magoado ou por qualquer outro motivo, recusou o convite para a vice-presidência do Sovnarkom, *i.e.*, do Conselho de Comissários do Povo, que Lenin lhe fez e repetiria, por várias vezes, nos meses seguintes.

O problema da burocracia entrava na ordem do dia. Lenin mostrou-se visivelmente preocupado. As reminiscências da velha máquina do Estado ainda persistiam. "O Estado encontra-se em nossas mãos" – disse no XI Congresso do PC – "mas não segue conforme a nossa vontade." Comparava-o a um automóvel que escapa às mãos do motorista. Alguém o dirige, "uma pessoa misteriosa e fora da lei, que só Deus sabe de onde saiu, talvez um especulador, talvez um capitalista privado, talvez um e outro". O fato é que o automóvel não seguia a vontade do motorista e muitas vezes tomava a direção oposta. "Isto é o essencial que se deve recordar no problema do capitalismo de Estado."

Lenin sentia fortes dores de cabeça. Depois do XI Congresso do PC, submeteu-se à operação para extrair uma das balas que a terrorista Fanny Kaplan lhe deixara no corpo. Na data de 26 de maio, sofreu o primeiro ataque de arteriosclerose cerebral. E quando voltou a trabalhar, em outubro, defrontou-se com a oposição que envolvia Trotsky e Stalin. A rivalidade entre os dois, que se antagonizavam desde a guerra civil, transformara-se em ódio.

Talvez por isto Lenin não levou em conta as denúncias de Trotsky contra o funcionamento da Inspetoria dos Operários e Camponeses (Rabkrin), que tinha como objetivo fiscalizar a burocracia, e contra a política de intervenção nos assuntos na Geórgia, contrária aos princípios da autonomia nacional, proclamada pelo partido e pelo Poder Soviético. Stalin situava-se como alvo dos dois ataques. Lenin prestigiou-o.

LENIN: VIDA E OBRA

Mas o automóvel do partido, como o do Estado, lhe fugia das mãos. Percebeu-o quando o Comitê Central do partido aprovou medidas que abriram uma brecha no monopólio do comércio exterior. Este fato reconciliou Lenin e Trotsky. Trotsky, que não comparecera à reunião, protestou. Lenin, enfermo, solidarizou-se com ele. E, a 13 de dezembro, quando sofreu as duas tromboses cerebrais que paralisariam metade do seu corpo, escreveu-lhe: "Peço-lhe encarecidamente que assuma a defesa, na próxima sessão plenária (do Comitê Central), de nossa opinião comum sobre a necessidade imperativa de preservar e reforçar o monopólio do comércio exterior." E depois: "Creio que chegamos a um acordo total e peço-lhe que anuncie a nossa solidariedade na sessão plenária." A 16 de dezembro, sofreu outro ataque da moléstia.

O Comitê Central revogou as medidas. Mas a luta de Lenin, a última de sua vida, apenas principiava. Aquela que não acabaria: a luta contra Stalin. Compreendeu que Stalin o enganara e que Trotsky tinha razão tanto na reformulação da Gosplan como no caso do Rabkrin e na questão da Geórgia.

A questão da Geórgia, que mandou investigar por outras vias, irritou-o e exacerbou o seu ânimo. Stalin e Grigory K. Ordzhonikidze (Sergo Ordzhonikidze – 1887-1937), embora georgianos, procederam como nacionalistas grão-russos. A ira apossou-se de Lenin. Sentia-se ludibriado tanto pessoal como politicamente. Stalin agira de uma forma e enganara-o. Tivera um comportamento traiçoeiro, dúplice e isto ele, Lenin, não suportava. Arrependeu-se da solidariedade que lhe emprestou, equivocadamente, e da censura que fez aos bolcheviques georgianos, Polikar Mdivani (1877-1937) e Filipp Makharadze (1868-1941).

A 23 de dezembro de 1923, Lenin chamou M. A. Volodicheva e começou a ditar aquelas páginas da Carta ao Congresso, que passaria à história como o seu *Testamento*:

O camarada Stalin, ao converter-se em secretário-geral, concentrou em suas mãos um poder enorme e não estou convencido de que saiba empregá-lo sempre com suficiente cautela. Por outro lado, o camarada Trotsky, como demonstrou sua luta contra o Comitê Central a propósito da questão do Comissariado das Vias de Comunicação, distingue-se não só por suas excepcionais faculdades (pessoalmente é, com segurança, o mais capacitado do atual Comitê Central), mas também, pela sua excessiva confiança em si mesmo e pela sua propensão para deixar-se atrair demasiado pelo aspecto puramente administrativo das questões.

Essas rivalidades – advertia Lenin – poderiam conduzir a uma cisão. O partido deveria prevenir-se para evitá-la, elevando o número dos membros do Comitê Central. Não se deveria utilizar como arma contra Kamenev e Zinoviev a posição que estes assumiram diante da insurreição de 1917, embora não fosse casual, da mesma maneira que não se deveria evocar o não bolchevismo de Trotsky, antes da revolução. Bukharin e Piatakov eram, entre os jovens, os mais capacitados. Bukharin, o melhor teórico e favorito do partido, apesar de que as suas opiniões tivessem algo de escolástico, como dizia Lenin, nunca assimilara totalmente a dialética.

Concluiu as notas de sua *A carta ao Congresso* no dia 25 de dezembro de 1922. Um dia depois, acrescentou outras observações sobre os problemas do partido e do Estado. Depois, entre 27 e 29 de dezembro, ditou as notas sobre a reformulação do Gosplan, dando razão a Trotsky. E, no dia 30, enquanto Stalin proclamava no X Congresso dos Soviets a União das Repúblicas Socialistas Soviéticas, que substituiria a Federação estabelecida pela Constituição de 1918, Lenin começou a ditar para a sua secretária as notas sobre a questão nacional. No documento, voltou a atacar Stalin:

O georgiano, que trata esse aspecto da questão com desprezo e acusa os outros de serem chauvinistas sociais (esse georgiano que, ele mesmo, não é apenas um chauvinista social autêntico, mas um tirano áspero e cruel na defesa de uma grande potência), esse georgiano está prejudicando os interesses da solidariedade da classe operária.

Já com a virada do ano, em 4 de janeiro de 1923, ditou um adendo ao seu *Testamento:*

> Stalin é demasiado rude e este defeito, perfeitamente tolerável nas relações entre comunistas, é intolerável no posto de secretário-geral. Proponho, portanto, aos camaradas que vejam o modo de retirar Stalin desse posto e nomeiem outro homem que o supere em todos os sentidos, isto é, que seja mais paciente, mais leal, mais afável e mais atento com os camaradas, menos caprichoso, etc. Esses detalhes podem parecer insignificantes, mas creio que quando se pensa em evitar uma cisão e se consideram as relações existentes entre Stalin e Trotsky, que examinei anteriormente, já não são uma bagatela ou são pelo menos uma bagatela que pode chegar a adquirir importância decisiva.

E, meses depois, em 5 de março de 1923, Lenin escreveu a Stalin ameaçando "romper todas as relações pessoais" com ele, devido à forma grosseira e insolente com que se dirigira a Nadezhda Krupskaya. Stalin imaginara que ela promovera o acordo entre Lenin e Trotsky. Telefonou-lhe e, entre insultos, ameaçou submetê-la a um processo perante a Comissão Central de Controle.

Lenin gastou as suas derradeiras energias. Como antes, na questão dos sindicatos, recorrera a Stalin contra Trotsky, apoiou-se em Trotsky contra Stalin. Estava amargurado pelos erros que cometera. Sentiu-se responsável por não poder intervir pessoalmente no problema. Escreveu um artigo sobre a reorganização do Rabkrin, outra frente por onde atacou Stalin. Pediu a Trotsky que, perante o XII Congresso, defendesse a questão da Geórgia e entregou-lhe as notas sobre o assunto. Advertiu de que não aceitasse "nenhum acordo podre". Trotsky não o ouviu. Conciliou. Aceitou o "acordo podre". Concordou com Kamenev e Zinoviev em ocultar do partido a *Carta ao Congresso* (*Testamento*) e as notas sobre o caso da Geórgia, apesar dos protestos de Krupskaya. Não possuía decisão de Lenin, daquele homem terno, generoso, que adorava gatos e cães, que sentia impulsos de acariciar cabeças quando ouvia música, mas não hesitava um minuto sequer em decepá-las, se desta medida dependesse o destino da revolução.

A estrela de Lenin desfalecia. Em 9 de março de 1923, outro ataque o acometeu, a imobilizá-lo completamente para o trabalho. Tirou-lhe a consciência e a fala. Stalin, Kamenev e Zinoviev compunham o triunvirato que, desde dezembro de 1922, governava a União Soviética.

Lenin morreu às 18 horas e 30 minutos de 21 de janeiro de 1924.

A União Soviética – a sua maior obra – sobreviveria ao cerco imperialista e às sombras que se abateram sobre ela durante três décadas.

Mas a profecia de Trotsky confirmou-se. A organização do partido tomou o lugar do partido; o Comitê Central tomou o lugar da organização; e finalmente o ditador tomou o lugar do Comitê Central.

E as terríveis previsões de Rosa Luxemburg sobre o destino da Revolução Russa efetivaram-se, com os métodos de terror usados pelos bolcheviques, com a extinção da democracia política, em nome da ditadura do proletariado. A *"Diktatur einer Handvoll Politiker"* (ditadura de um punhado de políticos), de uma dúzia de cérebros eminentes, como Rosa Luxemburg previu, desvaneceu-se. E o despotismo pessoal, de caráter asiático, renasceu, possibilitado pelo conceito de organização que Sergey G. Nechayev formulara e

LENIN: VIDA E OBRA

Lenin recuperou para a formar o partido bolchevique e realizar a revolução na Rússia. Stalin não era apenas "demasiado rude" como Lenin imaginara em seus derradeiros dias. Após sua morte, Stalin, um georgiano intelectualmente medíocre, falso, traiçoeiro, e cruel, assumiu como secretário-geral do Partido Comunista da União Soviética, assumiu um poder onímodo, como na antiga tirania do czar. E aí se revelou o monstro, o assassino serial. E, sob a capa de marxismo-leninismo, resgatou a teoria *narodniki* (populista), de que a Rússia poderia evoluir diretamente para o socialismo, sem atravessar a etapa do capitalismo, acabou a NEP e socializou o terror.

Em 1931, Stalin já havia mandado executar, no mínimo, um milhão de cidadãos soviéticos e a matança continuou ao longo da década. O historiador Roy Medvedev calculou em cerca de 12 milhões de mortos, ademais de 38 milhões, que padeceram as mais diversas medidas de repressão (prisão, campos de trabalho etc.), e até 1941 Stalin determinou o fuzilamento de mais de 100.000 dirigentes bolcheviques, virtualmente, todos os homens que fizeram a revolução de Outubro, todos companheiros de Lenin, bem como eliminou os mais notáveis oficiais do Exército Vermelho. Do Politburo do partido bolchevique, ao tempo da revolução, somente o próprio Stalin, em 1939, sobrevivia dentro da Rússia. Todos os demais haviam sido eliminados, executados nos cárceres da Lubyanka. E Trotsky, mesmo exilado no México, não escapou à sua sanha assassina. Jaime Ramón Mercader del Río (1913-1978), agente do NKVD (*Narodnyi Komissariat Vnutrennikh Del*), a polícia secreta da União Soviética, matou-o em 20 de agosto de 1940, traiçoeiramente, com um picador de gelo despregado sobre sua cabeça.

Rio de Janeiro, setembro-outubro de 1968.
1ª edição publicada em 1978.
Revisão e atualização em junho de 2017.
Sankt-Leon – Baden-Würtenberg

Apêndice

Depois da morte de Lenin em 21 de janeiro de 1924, Karl Kautsky foi contactado pelo jornalista Wacław Pański Solski (1890-1990), correspondente em Berlim do jornal *Izvestia,* do governo soviético, e convidado a contribuir com um artigo comemorativo sobre Lenin. Como adversário do regime instituído na Rússia pela revolução, Kautsky, que fora violentamente atacado por Lenin em *Revolução proletária e o renegado Kautsky*, atendeu ao pedido e escreveu uma carta, como artigo. O texto foi publicado no jornal *Izvestia*, com uma introdução, comentando que mesmo "um inimigo aberto do leninismo" *como* Kautsky reconhecia "a grandeza do gênio da revolução proletária". O artigo foi publicado, posteriormente, no jornal teórico marxista austríaco *Der Kampf* (vol. 17, n. 5, maio 1924, pp. 176-179), como "Ein Brief über Lenin".[1]

Epitáfio de Lenin, por Karl Kautsky

Caro camarada Solski! Como vês, atualmente, não estou em Berlim, mas, em Viena. Não recebi tua carta até hoje e não estava em posição de responder em tempo o teu convite. Profundamente

---

1. Kautsky Internet Archive, disponível em <https://www. marxists. org/archive/kautsky/1924/01/lenin. htm>. Tradução de Luccas Eduardo Maldonado.

lamento por isso. Muito gostaria de ter me unido a honrar a morte do líder da revolução proletária. Tenho graves reservas sobre o método político e econômico que ele perseguiu em seus últimos anos; tendo sido profundamente criticado pessoalmente por ele por causa da existência de diferenças entre nós; encontrei ainda mais dolorosa perseguição de elementos, inclusive socialistas, na esfera de influência de Lenin de quem discordou com suas visões. Mas, no momento da morte, é preciso avaliar o homem todo, não apenas alguns anos de sua vida, nem apenas aspectos de seu trabalho, deve-se colocar de lado todos os rancores pessoais. Nossas diferenças não deverão cegar-nos da importância de sua passagem.

Ele foi uma figura colossal, uma das poucas que se pode encontrar na história do mundo. Entre os governantes dos grandes Estados de nosso tempo, há somente um, em certa medida, que a ele se aproxima em termos de impacto, e esse é Bismark – os dois possuem muito em comum. Seus objetivos estavam opostos diametricamente: em um caso, a dominação da Alemanha pela dinastia Hohenzollern, no outro, a revolução proletária. Esse é o contraste entre água e fogo. O objetivo de Bismarck era pequeno, o de Lenin tremendamente grande.

Mas, como o chanceler de ferro, Lenin também foi o homem mais tenaz, inabalável e ousado. Como ele, compreendeu muito bem o significado das forças armadas na política e podia aplicá-la impiedosamente nos momentos decisivos. Bismarck afirmou que os grandes problemas da época deviam ser resolvidos por sangue e ferro, era essa também a visão de Lenin.

Nenhum deles acreditou que o sangue e o ferro eram suficientes para os seus objetivos. Como Bismarck, Lenin também foi um mestre da diplomacia, a arte de enganar seus oponentes, de lhes surpreender e lhes descobrir os pontos fracos com o fim de lhes derrubar. E, assim como Bismarck, se ele acreditava que estava em um caminho que não levaria ao seu objetivo, Lenin estava certo, sem nenhuma reserva, imediatamente invertia seu curso e se estabelecia em outro caminho. Com a mesma facilidade com que Bismarck passou do livre comércio para o protecionismo, Lenin tornou o comunismo puro em NEP (Nova Política Econômica).

Mas é claro, como é evidente e já foi notado, além das similaridades entre os dois, havia também diferenças, certamente não pequenas, em seus objetivos. Lenin muito superou Bismarck em seu entendimento da teoria. Enquanto Lenin estudou com entusiasmo, Bismarck não tinha interesse. Bismarck não tinha tempo para teoria, além de usar a posse do poder estatal para ganhos pessoais.

Entretanto, Lenin estava atrás de Bismarck a respeito de conhecimentos sobre países estrangeiros. Bismarck cuidadosamente estudou os Estados, o seu poder e a suas relações de classes, com quem a sua política exterior tinha que se relacionar. Lenin, em contraste, embora tenha vivido por décadas como um emigrante na Europa Ocidental, jamais alcançou um completo entendimento de suas peculiaridades políticas e sociais. Suas políticas para os países exteriores, as quais estavam completamente adaptadas às peculiaridades russas, baseavam-se na expectativa de uma revolução mundial, que, para quem conheceu a Europa Ocidental, deveria ter parecido como uma ilusão. Aqui encontramos a mais profunda diferença entre Bismarck e Lenin. O primeiro estabeleceu o seu poder através do sucesso de sua política exterior, o segundo através de sua política interna. A causa disso reside não somente na diferença de tipos de homens, mas também, na diferença dos ambientes onde trabalhavam.

Bismarck foi ao poder em um país onde as massas conquistaram uma intensa vida política através da Revolução Francesa, das Guerras Napoleônicas e, mais tarde, da Revolução de 1848. Impor sua completa autoridade sobre elas e abolir seu pensamento independente provou-se uma ação impossível, em que ele falhou completamente. Lenin, em contraste, veio ao poder no meio de massas as quais estavam agitadas ao extremo devido à guerra, mas que ainda não tinham experiência do pensamento político independente e aspirações sobre as gerações futuras, por isso, depois do declínio da agitação, elas se subordinaram sem dificuldades ao poder da personalidade superior de Lenin e de seus camaradas.

Aqui se sustenta a mais profunda raiz do grande sucesso de Lenin, porém aqui também começa a minha maior reserva no que se refere ao seu sistema. Porque a libertação do proletariado significa, sobretudo, a máxima independência de seu pensamento e sua atividade. Consideráveis e promissores princípios nessa direção já existiam no proletário russo antes da revolução de 1917. Lenin começou a conceder ao proletariado a maior liberdade. Porém, as consequências políticas e econômicas e o seu método forçaram-lhe cada vez mais restringi-la. Não irei debruçar-me sobre isso, não ultrapassarei o limite de um obituário e não o transformarei em uma polêmica.

Deve-se também observar que, a despeito de minhas reservas aos métodos de Lenin, não perdi a esperança com a situação da Revolução Russa. Do meu ponto de vista, parece que Lenin conseguiu levar a revolução proletária à vitória na Rússia, mas, ele não conseguiu fazê-la dar frutos. A esse respeito, a Revolução Russa não está ainda finalizada. Ela não será levada ao túmulo com Lenin.

Na Rússia, também, as aspirações das massas trabalhadoras por independência irão finalmente ganhar aceitação. E, então, todos os frutos que a Revolução Russa continha em seu interior, na maior abundância, irão amadurecer. Assim, todos os trabalhadores da Rússia e todos os trabalhadores do mundo, sem divisões no movimento, irão lembrar com gratidão de todos os seus grandes pioneiros que, por décadas cheias de lutas e tribulações, prepararam a Revolução Russa e, depois, a conduziram à vitória.

Essa situação, de unidade das massas trabalhadoras do mundo conjuntamente honrando o seu herói caído, livremente trabalhando em conjunto para construir a sociedade socialista, é algo que provavelmente não verei, antes de seguir Lenin para a terra da qual nenhum viajante já retornou.

Viena, 28 de janeiro de 1924.

Bibliografia

ARENDT, H. *On Revolution*. London: Penguin Books, 1965.

BERNSTEIN, E. B. *Socialisme Théorique et Social-démocratique Pratique*. Paris: P. V. Stock Editeur, 1912.

_____. *Die deutsche Revolution von 1918/19*. Bonn: Verlag J. H. Dietz Nachf, 1998.

BONCH-BRUEVICH, V. *En los Puestos de Combate de la Revolución*. Tradução de A. Atraessner. Madrid: Editorial Cenit, 1931.

BROUÉ, P. *The German Revolution*. Chicago: Haymarket Books, 1971.

_____. *Trotsky*. Paris: Librairie Arthème Fayard, 1988.

CONQUEST, R. *The Great Terror – A Reassesment*. New York; Oxford: Oxford University Press, 1990.

Cuadernos sobre la Desestalinización – El informe de Kruschev, El Testamento de Lenin. Buenos Aires: Ediciones Revista Marxista Latino-americana, 1957.

DEUTSCHER, I. *Trotski – O profeta armado*. Tradução de Valtensir Dutra. Rio de Janeiro: Civilização Brasileira, 1968.

_____. *Trotski – O profeta desarmado*. Tradução de Valtensir Dutra. Rio de Janeiro: Civilização Brasileira, 1968.

Dok. Nr. 3 – Der Gesandte in Bern Freiherr von Romberg an den Reichskanzler von Bettmamm von Hollweg – Konzept Romberg – AGB/ Abt. A/Rüßl. Nr. 161: z. Zt. FO – Ausfertigung in AA/Pol. A. A/ Allg. Ang. Rußl. Nr. 61 – Nr. 794 (durch Despeschenkasten) – Dat.: Bern, den 30 Sept. 1915. Geheim! In HAHLWEG, Werner. *Lenins Rückkehr nach Russland 1917: Die deutschen Akten*. Studien Geschichte Osteuropas IV (Herausgegeben von W. Phillip, Freie Universität Berlin & P. Scheibert, Universität Köln. Leiden: E. J. Brill, 1957.

ELWOOD, R. C. *Inessa Armand – Revolutionary and feminist*. Cambridge: Cambridge University Press, 1992.

FISCHER, L. F. *A vida de Lenin* – 1° e 2° volumes. Tradução de Pedro Ferraz e Maurício Quadros. Rio de Janeiro: Civilização Brasileira, 1967.

_____. *The Soviets in World Affairs – A History of the Relations between the Soviet Union and Rest of the World*. New York: J. Cape & Smith, 1930.

FOTIEVA, L. *De la vida de Lenin*. Moscú: Ediciones en Lenguas Extrangeras, 1945.

FRANCIS, D. R. *Russia from the America Embassy*. New York: Charles Scribner's Sons, 1921.

GORKI, M. *Lenine*. Rio de Janeiro: Irmãos Pongetti, s/d. (Coleção Minha Livraria).

GRAVIER, C. *Comte de Vergennes: French Diplomacy in the Age of Revolution 1719-1787*. New York: State University of New York Press, 1982.

GUIL, S. K. *Seis anos com Lenin* (Memórias de um chofer particular). Tradução de Raisa L. Dorfman. Montevideo: Ediciones Pueblos Unidos, 1957.

GUILBEAUX, H. G. *Le Portrait authentique de Vladimir Ilitch Lénine*. Paris: Librarie de L'Humanité, 1924.

HALWEG, W. *Lenins Rücker nach Deutschland 1917*. Leiden: E. J. Brill, 1957.

LEFEBVRE, H. *La penseé de Lénine*. Paris: Éditions Bordas, 1957. (Collection pour Connaítre).

HERESCH, E. *Geheimakte Parvus – Die gekaufte Revolution*. Münich: Herbig Verlag, 2013.

HOLLOWAY, S. K. "Relations Among Core Capitalist States: The Kautsky-Lenin Debate Reconsidered". *Canadian Journal of Polifical Science*, vol. XVI, 2 jun. 1983, pp. 321-333.

IAKOVLEV, A. "Ce que nous voulons faire de l'Union Soviétique". Entretien avec Lilly Marcou. Paris: Éditions du Seuil, 1991.

_____. *Socialismo: do sonho à realidade*. Intervenção de Aleksandr Iakovlev, membro do Bureau Politico do CC do PCUS e secretário

LENIN: VIDA E OBRA

do CC do PCUS, durante o encontro realizado na Universidade Lomonóssov de Moscovo, a 12 de fevereiro de 1990, Moskva, Novosti, 1990.

Instituto Marx-Engels-Lenin (Moskva). *Lenin* (Vladimir Ilytch) – Breve Esbozo de su vida y actividad. Buenos Aires: Editorial Problemas, 1946.

JAROSLAVSKI, E. *Lénine* (Sa vie – Son Oeuvre). Paris: Libraire de l'Humanité, s/d.

KAUSTSKY, K. *Terrorisme et Communisme*. Paris: Jacques Povolozky et Cie. Editieurs, s/d.

KOENEN, G. *Der Russland-Komplex: die Deutschen und der Osten*, 1900-1945. Münich: Verlag C. H. Beck, 2005, pp. 90-93.

KRUPSKAYA, N. *Recordações de Lenine*. Tradução revista e prefaciada por Gastão Pereira da Silva. Rio de Janeiro: Selma Editora, s/d.

LACIS, O. *Páginas de la Historia*. Moskva: Novosti, 1990.

LELONG, general. *O advento do Exército Vermelho. Memórias pessoais sobre a Revolução Russa*. Lisboa: Livraria Bertrand, s/d.

LENIN, V. I. *Cartas íntimas* (Coligidas e prefaciadas por A. Ulianova Elizarova). Tradução de Oswaldo de Castro. Rio de Janeiro: Atlântica Editora, 1934.

_____. *Collected Works*. Vol. 25. June-September 1917. Moskva: Progress Publishers, 1964.

_____. *Collected Works*. Vol. 36, 1900-1923. Moskva: Progress Publishers, 1966.

_____. *Contra el dogmatismo y el sectarismo en el movimiento obrero. Recompilación de artículos y discursos*. Moskva: Editorial Progreso.

_____. *Cuadernos filosóficos*. Buenos Aires: Ediciones Estúdios, 1963.

_____. *Der Imperialismus als höchstes Stadium des Kapitalismus*. Berlin: Dietz Verlag, 1987.

_____. *Informe sobre la Revolución de 1905*. Moskva: Ediciones en Lenguas Extranjeras, 1953.

_____. *L'Alliance de la class Ouvriere et de la Paysanneri*. Moskva: Éditions en Langues Étrangères, 1957.

_____. *La ideologia y la cultura socialistas*. Moskva: Ediciones en Lenguas Extranjeras, s/d.

_____. *Notas Críticas sobre la Cuestión Nacional*. Moskva: Ediciones en Lenguas Extranjeras, 1951.

_____. *Obras completas* – Volume XIII: Materialismo e Empiriocritismo (Notas críticas sobre uma filosofia reacionária) – 1ª e 2ª partes. Tradução de Abguar Bastos. Rio de janeiro: Editorial Calvino Ltda, 1946.

_____. *Obras completas*. Buenos Aires: Editorial Cartago, 1957, tomo III.

_____. *Obras completas*. Buenos Aires: Editorial Cartago, 1960, tomo XXXVIII.

_____. *Obras Escogidas* (En dos tomos). Moskva: Ediciones en Lenguas Extrangeras, 1948.

_____. *O capitalismo de Estado e o imposto em espécie*. São Paulo: Edições Guaíra, s/d.

_____. *Oeuvres Complètes*. Paris: Éditions Sociales Internationales, 1929, tomo IV; 1928, tomo VII; 1930, tomo X; 1928, tomo XX.

_____. *Oeuvres, Tome XI (juin de 1906 – janvier de 1907)*. Paris: Éditions Sociales; Moskva: Éditions des Progres, 1966.

_____. *Über der Arbeiterklasse und der Bauernschaft*. Moskva: APN Verlag, 1976.

_____. *Werke*. Band 21, August 1914-Dezember 1915. Berlin: Dietz Verlag, 1977.

LUXEMBURGO, R. *Gesammelte Werke*. Band 4, August 1914 bis Januar 1919. Berlin: Dietz Verlag Berlin, 1990.

_____. *La Cuestión Nacional y la Autonomia*. Cidade do México: Ediciones Pasado y Presente, 1979.[1]

MALAPARTE, C. *Tecnica del colpo di Stato*. Milano: Oscar Mondadori, 2002.

MARX, K. & ENGELS, F. *Ausgewählte Schriften*, Band II. Berlin: Dietz Verlag, 1976.

_____. *Ausgewählte Werke*. Band II. Berlin: Dietz Verlag, 1981.

_____. *Werke*, Band 18, 21, 29, 30, 31, 32, 33. Berlin: Dietz Verlag, 197 e4, 1976 e 1981.

---

1. Esse estudo de Rosa Luxemburg não foi incluído nos seis volumes das suas obras completas (*Gesammelte Werke*), publicadas pela Dietz Verlag na extinta RDA.

LENIN: VIDA E OBRA

MELGUNOV, S. P. *Bolshevik Seizure of Power*. Califórnia; Oxford: ABC-Clio, 1972.

MERRIDALE, C. *Lenin on the Train*. London: Penguin Random House, 1916.

MIRSKY, D. S. *Lenine* (Sua vida e sua obra). Tradução de Abguar Bastos. Rio de Janeiro: Editorial Calvino Ltda., 1944.

RADECK, K. *La tactique communiste et l'offensive du capital*. Paris: Libraire de l'Humanité, 1923.

REED, J. *Ten days that shook the World* (*Dez dias que abalaram o mundo*). London: Penguin Books, 1982.

SENN, A. E. *New Documents on Lenin's Departure from Switzerland, 1917*. Disponível em <https://www. cambridge. org/core/services/aop- -cambridge-core/content/view/9E94AAC98F2C5FAE564E24FA491D DF96/S0020859000004648a. pdf/div-class-title-new-documents-on- -leninandapos-s-departure-from-switzerland-1917-div. pdf>.

Die Deutsch-Bolschewistische Verschwörung– 70 Dokumente. Herausgegeben von Committee of Public Information – United States. Bern: Der Freie Verlag, 1919.

STALIN, J. *Cuestiones del Leninismo*. Moskva: Ediciones en Lenguas. Extrangeras, 1947.

_____· *Obras* – Vol. 5 (1921-1923). Rio de Janeiro: Editorial Vitória, 1954.

_____· *Le Léninisme – Théorique et Pratique*. Paris: Libraire de L'Humanité, 1925.

SUKHANOV, N. *The Russian Revolution*– Vols. I & II. Tradução de Joe Carmichael. New York: Harper Torchbooks, 1958.

TROTSKY, L. *Écrits militaires – Comment la Révolution s'est armée*. Paris: Éditions de l'Herne, 1967.

_____· *El Triunfo del Bolchevismo*. Biblioteca Nueva Madrid. Tercera Edición.

_____· *Histoire de la Révolution Russe*. Tradução de Maurice Parijanine. Paris: Éditions du Seuil, 1950.

_____· *Lenin*. New York: Capricorn Books, 1962.

_____· *Minha vida*. Tradução de Lívio Xavier. Rio de Janeiro: Livraria José Olympio Editora.

_____· *Vida de Lenin* (Juventud). Buenos Aires: Editorial Indo-América, 1949.

_____· *Stalin*. Tradução de Vitor de Azevedo. São Paulo: Instituto Progresso Editorial, 1947.

VANDERVELDE, E. *Trois Aspects de la Révolution Russe* (7 mai-25 juin 1917). Paris-Nancy: Berger-Lerrault Libraires-Editeurs, 1918.

VÖLKLEIN, U. "Die gekaufte Revolution". *Stern*, Nr. 11, 11/3/1993, pp. 200-204.

VOLKOGONOV. D. A. *Autopsy for an Empire: The Seven Leaders who Built the Soviet Regime*. New York: The Free Press, 1998.

_____· *Lenin – New Biography*. New York: Free Press, 1994.

_____· *Stalin – Triumph and Tragedy*. Califórnia: Prima Publishing Forum, 1996.

STEINBERGER, I. N. *En el taller de la Revolución*. Buenos Aires: Editorial Americale, 1958.

SUDOPLATOV, P. & SUDOPLATOV, A. (com Jerrold L. and Leona P. Schecter). *Special Tasks (The Memoirs of an Unwanted Witness – a Soviet Spymaster)*. Boston, New York, Toronto: Little, Brown & Company, 1995.

WALTER, G. W. *Lénine*. Verviers: Marabout Université; Gérard & Co, 1950

WOLFE, B. D. *Tres que hicieron una revolución*. Barcelona: José Janés Editor, 1956.

ZEMAN, Z. A. B (Ed.). *Germany and Revolution in Russia 1915-1918*. Documents from the Archives of the German Foreign Ministry, 1918.

Crédito das ilustrações

A ordem dos créditos tem como referência a sequência das fotos no encarte. A contagem sempre se dará da esquerda para a direita ou de cima para baixo, dependendo do posicionamento das imagens na página.

Foto 1 – Autor desconhecido/Arquivo do autor
Foto 2 – ullsteinbild/ullsteinbild via Getty Images
Foto 3 – Autor desconhecido, c. 1890/WikimediaCommons
Foto 4 – Sovfoto/UIG via Getty Images
Foto 5 – Keystone/Hulton Archive/Getty Images
Foto 6 – ullsteinbild/ullsteinbild via Getty Images
Foto 7 – Heinrich Hoffmann/ullsteinbild via Getty Images
Foto 8 – ullsteinbild/ullsteinbild via Getty Images
Foto 9 – Arquivo do autor
Foto 10 – Gentilmente cedida pela revista *Stern*
Foto 11 – Arquivo do autor
Foto 12 – Arquivo do autor
Foto 13 – FototecaGilardi/Getty Images
Foto 14 – Autor desconhecido/WikimediaCommons
Foto 15 – CORBIS/Corbis via Getty Images
Foto 16 – Hulton Archive/Getty Images
Foto 17 – Photo12/UIG via Getty Images
Foto 18 – Hulton Archive/Getty Images
Foto 19 – TASS via Getty Images
Foto 20 – Autor desconhecido, 1917/WikimediaCommons
Foto 21 – ullsteinbild/ullsteinbild via Getty Images
Foto 22 –Sovfoto/UIG via Getty Images
Foto 23 – Hulton Archive/Getty Images

A 4ª edição revista e ampliada deste livro foi impressa em
2017, ano em que se completam os 92 anos de Ênio Silveira e
o 50º aniversário da publicação do primeiro livro de
Luiz Alberto Vianna Moniz Bandeira na Civilização
Brasileira, O ano vermelho: a Revolução Russa e
seus reflexos no Brasil.

O texto deste livro foi composto em Sabon, desenho
tipográfico de Jan Tschichold de 1964, baseado nos
estudos de Claude Garamond e Jacques Sabon no século XVI,
em corpo 11/16. Para títulos e destaques, foi utilizada a
tipografia Frutiger, desenhada por Adrian Frutiger em 1975.

A impressão se deu sobre papel off-white pelo Sistema
Digital Instant Duplex da Divisão Gráfica da
Distribuidora Record.